ÉCOLE DU GÉNIE CIVIL

POUR

l'Industrie, la Marine, l'Armée, les Grandes Administrations et les Grandes Ecoles

152, avenue de Wagram, PARIS (17°)

ENSEIGNEMENT SUR PLACE & PAR CORRESPONDANCE

Directeur : M. Julien GALOPIN

INGÉNIEUR CIVIL

COURS

DE

Droit Commercial Maritime

ET

Notions de Droit Maritime International

A L'USAGE DES CANDIDATS AU LONG COURS

Professeur : M. LECONTE, Licencié en Droit, Secrétaire à la Cie Sud-Atlantique

ÉDITION ET PROPRIÉTÉ DE L'ÉCOLE DU GÉNIE CIVIL

152, avenue de Wagram, PARIS (17°)

Téléphone : Wagram 27-97

EXAMENS SPÉCIAUX
auxquels prépare par correspondance l'Ecole du Génie Civil

Ecoles Spéciales et Examens particuliers

L'Ecole prépare à toutes les Ecoles spéciales suivantes : Ecoles de Navigation, Ecoles d'Arts et Métiers, Ecoles des Mécaniciens de Brest, Toulon et Lorient, Instituts techniques spéciaux, Ecole supérieure d'Electricité, Ecole supérieure d'Aéronautique, Ecole Centrale, Ecole de Physique et de Chimie, etc.

Préparations spéciales à tous les examens des Douanes, des Postes, des Ministères, des Chemins de fer, préparation spéciale aux Brevets simple, supérieur de l'Enseignement Primaire, ainsi qu'aux divers Baccalauréats, Certificats, Licences.

Industrie

Préparation à tous les grades (Contremaîtres, Conducteurs, Sous-Ingénieurs et Ingénieurs), pour la Mécanique, l'Electricité, les Mines, les Travaux Publics, etc.

Mécaniciens pour Usines et Ateliers : Electriciens. — Chefs mécaniciens. — Conducteurs électriciens. — Ingénieurs et Dessinateurs Industriels. — Contremaîtres et Chefs d'ateliers. — Ingénieurs et Sous-Ingénieurs.

Cours spéciaux de Contremaîtres, Dessinateurs et Ingénieurs des Constructions navales.

Marine de Guerre

Matelot élève mécanicien; Quartier maître mécanicien; Brevet élémentaire de mécaniciens; Cours du brevet supérieur de mécanicien électricien, etc.; Admission au cours des élèves officiers (machine et pont); Examen direct pour le grade de mécanicien principal; Examen de quartier-maître préparatoire à l'examen d'élève officier de vaisseau; Obtention du grade d'officier électricien et d'officier des autres spécialités; Ecoles techniques élémentaire et supérieure des arsenaux; Commis de la marine; Commissaires et Administrateurs de l'Inscription maritime; Ecoles navales et de Génie maritime; Ingénieurs d'Artillerie navale; Agents et Officiers des Travaux hydrauliques.

Marine de Commerce

Brevets de capitaines au Bornage, au Cabotage et au Long Cours; Brevet pratique de mécanicien pour machines à vapeur; Brevet pratique de mécanicien pour autres moteurs; Brevet d'officier mécanicien de 2ᵉ classe; Brevet d'officier mécanicien de 1ʳᵉ classe; Brevet d'élève officier mécanicien; Emplois d'électriciens dans les grandes Compagnies; Emplois d'élèves mécaniciens.

Armée

Officiers du service aéronautique. — Officiers mécaniciens. — Saint-Maixent. — Vincennes. — Saumur. — Versailles. — Dessinateurs de l'Armée. — Aspirants de toutes armes. — Saint-Cyr. — Polytechnique, etc.

Administrations

Adjoints techniques, dessinateurs et mécaniciens des Ponts et Chaussées. — Agents et Sous-Agents techniques des Poudres et Salpêtres. — Mécaniciens électriciens, Dessinateurs de la voie et de la traction, Piqueurs, Emplois divers des Chemins de fer. — Mécaniciens et dessinateurs des Postes et Télégraphes. — Mécaniciens et dessinateurs des Manufactures de Tabacs. — Dessinateurs et calqueurs du Ministère de la Guerre, etc.

Préparations Spéciales

Outre sa préparation aux examens ou carrières précitées, l'Ecole se tient à la disposition de toutes les personnes n'ayant qu'une ou plusieurs parties à approfondir pour leur faire sur les matières qui les concernent (en tant que celles-ci sont du ressort de ce qu'enseigne l'Ecole) des préparations spéciales à des prix extrêmement avantageux.

En particulier elle a des préparations très suivies de T.S.F., Automobile, Aviation, Langues vivantes, etc.

Elle prépare également à tous les emplois réservés aux anciens sous-officiers.

Cours de Vacances, Cours du Soir, du Dimanche matin
Leçons particulières

Des cours spéciaux sont organisés à toute époque et pour toutes les matières de nos programmes.

Les cours les plus suivis sont ceux de Mathématiques, Dessins et Croquis industriels appropriés à toutes les spécialités, cours démonstratifs sur les pièces elles-mêmes des différentes branches techniques.

ÉCOLE DU GÉNIE CIVIL

POUR

l'Industrie, la Marine, l'Armée, les Grandes Administrations et les Grandes Ecoles

152, avenue de Wagram, PARIS (17e)

ENSEIGNEMENT SUR PLACE & PAR CORRESPONDANCE

Directeur : M. Julien GALOPIN

INGÉNIEUR CIVIL

COURS

DE

Droit Commercial Maritime

ET

Notions de Droit Maritime International

A L'USAGE DES CANDIDATS AU LONG COURS

Professeur : M. LECONTE, Licencié en Droit, Secrétaire à la Cie Sud-Atlantique

ÉDITION ET PROPRIÉTÉ DE L'ÉCOLE DU GÉNIE CIVIL

152, avenue de Wagram, PARIS (17e)

Téléphone : Wagram 27-97

COURS
DE
DROIT COMMERCIAL
MARITIME ET INTERNATIONAL

CHAPITRE PREMIER

Caractères juridiques des navires de mer
et modes d'acquisition et de transmission de la propriété des navires

§ 1. — Caractère juridique des navires

Nous savons que le Code Civil distingue deux grandes catégories de biens : d'une part, les *meubles*; d'autre part, les *immeubles*.

Sont meubles par nature, en vertu de l'article 528, « les corps qui peuvent « se transporter d'un lieu à un autre, soit qu'ils se meuvent par eux-mêmes « comme les animaux, soit qu'ils ne puissent changer de place que par l'effet « d'une force étrangère, comme les choses inanimées. »

L'article 531 ajoute : « Les bateaux, bacs, navires..., sont meubles. »

Le navire sera donc soumis aux règles posées par le Code Civil sur les meubles ; néanmoins la grande valeur de ces meubles, leur fixité relative, ont fait apporter quelques exceptions à ce principe : dans certains cas, le navire est assimilé à un immeuble. C'est ainsi que :

1° Alors que l'article 2279 du Code Civil stipule que « en fait de meubles, la possession vaut titre » (c'est-à-dire que le détenteur d'un meuble est supposé en être propriétaire et n'a pas à prouver son droit de propriété), l'article 195 du Code de Commerce stipule, au contraire, que « la vente « volontaire d'un navire doit être faite par écrit, et peut avoir lieu par acte « public ou par acte sous signature privée. »

2° Alors que le transfert de propriété des meubles ne donne lieu, d'une façon générale à aucune publicité, le transfert de propriété n'est, au contraire, opéré à l'égard des tiers, que par une formalité de publicité dite « mutation en douane. »

3° Les navires peuvent être hypothéqués, contrairement à la règle posée par l'article 2119 du Code Civil, lequel stipule que « les meubles n'ont pas de suite par hypothèque. »

§ 2. — Des différents modes d'acquisition et de transmission de la propriété des navires

Les modes d'acquisition des navires doivent être rangés en deux catégories. Dans la première sont les modes d'acquérir du Droit commun ; dans la seconde, les modes spéciaux du Droit Maritime.

A. — Modes d'acquisition du droit commun

Les modes d'acquérir du Droit commun sont au nombre de quatre. Ce sont :

1° La construction ;
2° La succession, le testament ou la donation :
3° La prescription :
4° La vente.

1° *La construction*

En général, la personne qui veut avoir un navire neuf ne se charge pas elle-même de sa construction : elle passe un contrat avec un constructeur qui s'engage, pour une somme déterminée, à construire le navire suivant le type et dans le délai fixés, en fournissant lui-même les matériaux et la main-d'œuvre. C'est ce qu'on appelle la construction *à forfait* ou *à l'entreprise*.

Pendant toute la durée de la construction, le constructeur reste propriéfaire du navire et doit, par suite, supporter seul les dommages pouvant survenir au navire avant sa livraison. Celui qui a fait la commande ne devient, en effet, propriétaire qu'après avoir reçu le navire du constructeur et l'avoir accepté. Généralement cette acceptation n'a lieu qu'après des essais techniques ayant pour but de vérifier la vitesse du navire, la résistance des machines, etc.

On peut encore faire construire un navire *à l'économie*. Dans ce cas, c'est la personne qui fait construire qui fournit les matériaux. Les ouvriers qu'elle emploie sont placés sous ses ordres et reçoivent un salaire convenu d'avance. Ils sont liés vis-à-vis du constructeur par un contrat de louage de services. Seul le constructeur supporte les risques concernant le navire.

Ce second procédé de construction n'est presque plus employé.

2° *La succession, le testament ou la donation*

Le navire faisant partie du patrimoine de son propriétaire, se transmet, comme tous les biens, par succession et par testament.

Quant à la donation, alors que pour un meuble, elle peut se faire, en général, par simple remise de la main à la main, pour un navire, elle doit être faite par un acte spécial passé devant notaire, conformément à l'art. 931 du Code de Commerce.

L'héritier ou le donataire doivent remplir la formalité de la *mutation en douane*. Cette formalité, dont nous parlons plus loin, est nécessaire :

a) Pour que l'Administration puisse vérifier la nationalité du navire, laquelle dépend de la nationalité du propriétaire ;

b) Pour que les personnes ayant des droits sur le navire, notamment les créanciers hypothécaires, soient avisées du changement de propriétaire.

3° *La prescription*

La personne qui exerce dans certaines conditions la possession d'une chose, d'une façon continue, publiquement et en se présentant comme propriétaire, en devient, au bout d'un certain temps propriétaire, en vertu des dispositions du Code Civil ; elle usurpe donc le droit du véritable propriétaire. Il faut, bien entendu, que celui-ci n'ait pas été dépouillé de son bien par la violence, et qu'il laisse s'écouler ce délai sans réclamer par devant la justice.

Cette règle a été édictée pour trois raisons :

1° Le Code a voulu forcer le propriétaire à se montrer soucieux de ses intérêts, à s'occuper de ses propriétés et le punir de sa négligence ;

2° Mettre un terme à l'incertitude qui plane sur le véritable propriétaire d'une chose, quand celle-ci est négligée, délaissée depuis longtemps : cette incertitude est, en effet, un obstacle à l'amélioration des biens et à leur circulation :

3° Couper court à des procès sur des faits qui remonteraient à une époque trop ancienne et, par suite, ne pourraient plus être vérifiés.

La prescription est applicable aux navires : le Code de Commerce, dans l'article 430, précise que le capitaine ne peut acquérir la propriété par voie de prescription ; cette précaution était nécessaire ; le capitaine se trouve en effet, par ses fonctions même, remplir toutes les conditions que nous avons énumérées ci-dessus.

En général, la prescription est de trente ans ; elle est réduite, dans certains cas, par le Code Civil. On admet que c'est cette prescription de trente ans qui s'applique aux navires.

Cela revient, en fait, à rendre très difficile la prescription, les navires atteignant rarement cet âge.

4° La vente

La vente d'un navire peut être volontaire ou forcée. Elle est forcée dans certains cas, notamment lorsqu'elle a lieu sur l'initiative de créanciers hypothécaires.

Nous ne parlerons ici que de la vente volontaire, la vente forcée devant être étudiée lorsque nous parlerons des hypothèques maritimes.

Règles de fond

La vente volontaire est un contrat. Aux termes du Code Civil, tout contrat suppose quatre conditions :

La capacité des contractants ; le consentement ; l'objet du contrat ; la cause.

La capacité est l'aptitude à accomplir les actes juridiques, à aliéner, à administrer son patrimoine.

Toute personne doit être supposée capable, si elle n'a pas été déclarée incapable par la loi ; sont déclarés tels : les mineurs, les interdits (aliénés, condamnés), les femmes mariées.

Le consentement est l'accord des volontés des deux contractants, il peut être entaché de vices, s'il a été obtenu par des violences, par des manœuvres frauduleuses.

L'objet du contrat c'est la chose qui doit être vendue, donnée, construite, livrée, etc., ou les services qui seront rendus.

Enfin la cause est le motif pour lequel chaque partie est amenée à conclure le contrat : les obligations sans cause, ou sur fausse cause, ou sur cause illicite, sont nulles.

Par qui peut être vendu le navire ? Par le propriétaire seulement ; il faut évidemment que le propriétaire soit capable.

Il peut l'être aussi par son mandataire autorisé spécialement à cet effet ; le propriétaire donne ainsi son consentement précis à la vente.

L'objet du contrat est ici le navire ; on peut vendre un navire au port ou en voyage (art. 220 du Code de Commerce), mais si au moment de la vente le navire a péri, le contrat est nul comme étant sans objet.

Toutefois, les contractants peuvent faire une vente « *à toute chance* » ou « *sur bonnes ou mauvaises nouvelles* », c'est-à-dire que la vente sera valable même au cas où le navire avait déjà péri : il faut, évidemment, en ce cas, que l'une et l'autre partie ignorent le sort du navire au moment où elles contractent, sinon il y aurait fraude de la part de l'un d'eux.

Règles de forme

Ainsi que nous l'avons vu, la vente des navires doit être constatée suivant des formes particulières ; elle doit, en particulier, en vertu de l'art. 195 du Code de Commerce, donner lieu à un acte écrit.

Le navire en effet représente, en général, une valeur considérable et il est juste que la transmission soit constatée par écrit ; en outre, il importe pour les chargeurs, les prêteurs à la grosse, les prêteurs hypothécaires et pour l'Administration elle-même de la Marine, que le propriétaire du navire soit connu d'une façon certaine à tout instant.

Cet acte peut être, au choix des parties un acte authentique ou sous seing privé.

L'acte authentique est celui qui a été reçu, avec les solennités requises, par un officier ministériel compétent. Pour être compétent, il faut :

1° Que la loi ait reconnu à cet officier ministériel le pouvoir de recevoir cet acte ; un notaire ne peut recevoir un acte de naissance ;

2° Que cet officier ait le droit d'exercer ses fonctions dans le lieu où l'on se trouve ; le maire ne peut exercer ses fonctions hors de sa commune.

Pour les navires, l'officier ministériel compétent est le notaire.

Tout acte qui n'est pas authentique est dit sous seing privé ; il n'est valable que s'il est rédigé en autant d'originaux qu'il y a de parties ayant un intérêt distinct et chaque exemplaire doit mentionner le nombre d'exemplaires qui ont été dressés.

L'acte de vente doit contenir, outre les mentions ordinaires requises (nom et domicile des parties, prix de vente, date et lieu) :

1° Le nom et la désignation du navire ;

2° La date et le numéro de l'acte de francisation ;

3° La copie *in-extenso* des extraits de l'acte de francisation relatifs au port d'attache, à l'immatriculation, au tonnage, à l'identité, à la construction et à l'acte du navire. (Loi des 23-25 novembre 1897.)

L'acte de vente constate la transmission de la propriété entre le vendeur et l'acheteur.

Mutation en douane

Comme nous l'avons vu, certaines personnes ont intérêt à connaître la transmission de la propriété des navires.

Si la loi exige que la transmission entre vifs d'un immeuble soit rendue publique, elle exige également que l'acte de vente d'un navire ait une certaine publicité. Celle-ci est obtenue par la *mutation en douane*.

La mutation en douane consiste en une double formalité qui est accomplie par le receveur des douanes du port d'attache. Celui-ci mentionne le transfert de propriété, d'une part au dos de l'acte de francisation, d'autre part sur le registre des francisations, dans la partie de la page réservée à cet effet.

La mutation en douane apparaît, à bien des points de vue, comme préférable à la transcription des ventes immobilières (laquelle s'opère sur un registre spécial tenu par le conservateur des hypothèques). Signalons simplement que la mutation doit être faite, ainsi que nous l'avons dit plus haut, même en cas de donation ou de succession, tandis que la transcription ne s'applique qu'aux actes entre vifs.

CHAPITRE II

Des sûretés dont le navire est susceptible

Aux termes de l'article 2093 du Code Civil, « les biens du débiteur sont le gage commun de ses créanciers » ; la totalité de ses biens peut être saisie et vendue pour l'acquittement d'une dette déterminée ; cette saisie est ordonnée par le Tribunal à la requête des créanciers : le prix doit être distribué entre eux par contribution « à moins, ajoute le Code, qu'il n'y ait entre les créanciers *des causes légitimes de préférence.* »

En effet, le Code Civil a stipulé que certaines créances doivent être acquittées de préférence à d'autres ; il a établi en leur faveur un rang de priorité ; on dit que ces créances jouissent d'un privilège ; certaines jouissent d'un privilège général (art. 2101 du Code Civil), c'est-à-dire portant sur l'ensemble du patrimoine ; tels sont les frais de justice, les frais funéraires, etc. ; d'autres dettes doivent être acquittées par priorité, mais seulement sur le produit de la vente d'un immeuble ou d'un meuble déterminé ; elles jouissent d'un privilège spécial (art. 2102), par exemple les frais faits pour la conservation d'une chose, sont privilégiés sur le prix de cette chose.

Entre les créanciers privilégiés, la préférence s'établit d'après la nature de la créance *privilégiée* : plusieurs créances de même nature viennent au même rang et sont, en cas d'insuffisance d'actif réduites proportionnellement.

D'autre part, la loi autorise le débiteur à affecter ses *immeubles* en garantie d'une dette déterminée ; ces immeubles sont alors grevés d'un droit spécial, entraînant *droit de suite* et *droit de préférence*, qu'on appelle une hypothèque conventionnelle.

Dans certains cas la loi frappe elle-même d'une hypothèque les biens immobiliers d'une personne, en faveur d'une autre : c'est une hypothèque légale (hypothèque légale de la femme mariée, par exemple). Enfin, l'hypothèque peut résulter d'une décision de justice (hypothèque judiciaire).

Les créanciers privilégiés sont désintéressés les premiers, puis les créanciers hypothécaires. Le privilège portant sur un immeuble et l'hypothèque, constituent donc les droits les plus forts, — le créancier privilégié sur un meuble jouit d'une garantie moindre, — enfin les créanciers non privilégiés ni hypothécaires, sont dits chirographaires ; ils ne sont payés qu'en troisième lieu et sur la masse des biens restants : cette dernière catégorie de créanciers est la moins favorisée.

Les meubles ne sont pas susceptibles de droit de suite ; aux termes de l'article 2279 du Code Civil, " en fait de meubles possession vaut titre ", cela veut dire que le détenteur d'un meuble est présumé en être le véritable propriétaire : toutefois, pour éviter que le débiteur n'essaye de soustraire ses meubles aux créanciers, le Code Civil autorise ceux-ci à les saisir entre les mains du tiers détenteur (à qui ils ont été remis en dépôt, en gage).

Les navires sont des meubles, mais ils sont soumis, en raison de leur importance, à des règles spéciales. Deux grandes différences sont à signaler :

1" Tout d'abord le principe en fait de meubles possession vaut titre, ne s'applique pas aux navires : ceux-ci sont soumis, pour leur transmission, à des règles bien précises. (Voir mutations en douane) ;

2" D'autre part, le navire est, comme tous les autres biens, le gage de tous les créanciers.

Mais par une exception à l'article 2114 du Code Civil, le navire, quoique meuble, est susceptible d'être hypothéqué.

Nous étudierons ici :

Les privilèges dont le navire est susceptible ;

Les hypothèques maritimes.

§ 1. — Des privilèges dont le navire est susceptible

Nous parlerons tout d'abord des privilèges de droit commun, ensuite des privilèges maritimes.

A. — Des privilèges de droit commun

Le navire, comme tous les biens du patrimoine de son propriétaire, est atteint par les privilèges généraux prévus par l'article 2101 du Code Civil, lequel stipule que :

" Les créances privilégiées sur la généralité des meubles sont celles ci-
" après exprimées, et s'exercent dans l'ordre suivant :

" 1" Les frais de justice ;

" 2° Les frais funéraires ;

" 3" Les frais quelconques de la dernière maladie, quelle qu'en ait été la
" terminaison, concurremment entre ceux à qui ils sont dus ;

" 4" Les salaires des gens de service, pour l'année échue, et ce qui est dû sur l'année courante ;

« 5° Les fournitures de subsistances faites au débiteur et à sa famille, etc.;

« 6° La créance de la victime de l'accident ou de ses ayants droit relative « aux frais médicaux, pharmaceutiques et funéraires, ainsi qu'aux indemnités « allouées à la suite de l'incapacité temporaire de travail et garantie par le « privilège de l'article 2101 et y sera inscrite sous le numéro 6. »

Il est admis, en général, que les privilèges de droit commun doivent venir après les privilèges maritimes.

B. — Des privilèges maritimes

Le navire est, d'autre part, atteint par des privilèges spéciaux. Les créanciers qui jouissent d'un de ces privilèges doivent être désintéressés, sur le prix de vente du navire considéré, avant tous les autres créanciers, même les créanciers hypothécaires.

Il peut arriver que plusieurs créanciers jouissent d'un privilège spécial sur un navire déterminé. Aussi la loi a-t-elle fixé, d'après la nature des créances, l'ordre dans lequel celles-ci seront remboursées, chacune d'elles devant être intégralement remboursée avant la suivante. Si plusieurs créanciers avaient un privilège semblable sur le même navire, ils seraient appelés en même temps, et dans le cas où l'actif serait insuffisant pour les régler tous intégralement, seraient payés proportionnellement à leur créance (au marc le franc).

L'article 191 du Code de Commerce énumère les créances privilégiées :

« Sont privilégiées, et dans l'ordre où elles sont rangées, les dettes ci- « après désignées :

« 1° Les frais de justice et autres, faits pour parvenir à la vente et à la « distribution du prix ;

« 2° Les droits de pilotage, remorquage, tonnage, cale, amarrage et « bassin ou avant-bassin ;

« 3° Les gages du gardien et frais de garde du bâtiment, depuis son « entrée dans le port jusqu'à la vente ;

« 4° Le loyer des magasins où se trouvent déposés les agrès et les appa- « raux ;

« 5° Les frais d'entretien du bâtiment et de ses agrès et apparaux, depuis « son dernier voyage et son entrée dans le port ;

« 6° Les gages et loyers du capitaine et autres gens de l'équipage em- « ployés au dernier voyage ;

« 7° Les sommes prêtées au capitaine pour les besoins du bâtiment pen- « dant le dernier voyage, et le remboursement du prix des marchandises par « lui vendues pour le même objet ;

« 8° Les sommes dues au vendeur, aux fournisseurs et ouvriers employés

« à la construction, si le navire n'a point encore fait de voyage ; et les
« sommes dues aux créanciers pour fournitures, travaux, main-d'œuvre, pour
« radoub, victuailles, armement et équipement, avant le départ du navire,
« s'il a déjà navigué ;

« 9° Abrogé par L. 10 juillet 1885 ;

« 10° Le montant des primes d'assurances faites sur le corps, quille,
« agrès, apparaux, et sur armement et équipement du navire, dues pour le
« dernier voyage ;

« 11° Les dommages-intérêts dûs aux affréteurs, pour le défaut de déli-
« vrance des marchandises qu'ils ont chargées, ou pour remboursement des
« avaries souffertes par les dites marchandises par la faute du capitaine ou de
« l'équipage. »

Comme on le voit, un certain nombre de ces privilèges s'éteignent dès
que le navire entreprend un nouveau voyage ; le navire en naviguant se
débarrasse donc à chaque voyage des privilèges maritimes qui le grevaient
antérieurement.

Nous ajouterons que, en vertu de l'article 214 du Code de Commerce,
les intérêts de la créance et les frais exposés par le créancier pour l'exercice
de son droit sont privilégiés au même titre que la créance, et que, si le
navire est assuré, les créanciers hypothécaires sont subrogés à l'assuré pour
réclamer l'indemnité et peuvent exercer leur privilège sur cette indemnité
elle-même.

Comment les dettes énumérées à l'article 191 du Code de Commerce
doivent-elles être justifiées ?

L'article 192 nous le dit d'une façon très précise :

« Le privilège accordé aux dettes énoncées dans le précédent article ne
« peut être exercé qu'autant qu'elles seront justifiées dans les formes sui-
« vantes :

« 1° Les frais de justice seront constatés par les états de frais arrêtés par
les tribunaux compétents ;

« 2° Les droits de tonnages et autres, par les quittances légales des
« receveurs ;

« 3° Les dettes désignées par les numéros 1, 3, 4 et 5 de l'article 191,
seront constatées par des états arrêtés par le président du Tribunal de
commerce ;

« 4° Les gages et loyers de l'équipage, par les rôles d'armement et
« désarmement arrêtés dans les bureaux de l'Inscription maritime ;

« 5° Les sommes prêtées et la valeur des marchandises vendues pour les
« besoins du navire pendant le dernier voyage, par des états arrêtés par le
« capitaine, appuyés de procès-verbaux signés par le capitaine et les princi-
« paux de l'équipage, constatant la nécessité des emprunts ;

« 6° La vente du navire par un acte ayant date certaine, et les fournitures

« pour l'armement, équipement et victuailles du navire, seront constatées
« par les mémoires, factures ou états visés par le capitaine et arrêtés par
" l'armateur, dont un double sera déposé au greffe du Tribunal de commerce
" avant le départ du navire, ou, au plus tard, dans les six jours après son
« départ ;

« 7° Abrogé par L. 10 juillet 1885 ;

« 8° Les primes d'assurances seront constatées par les polices ou par les
« extraits des livres des courtiers d'assurances ;

« 9° Les dommages-intérêts dus aux affréteurs seront constatés par les
« jugements ou par les décisions arbitrales qui seront intervenues. "

Modes d'extinction des privilèges

Enfin les privilèges s'éteignent de trois façons différentes :

1° Par les moyens généraux d'extinction des obligations. Le privilège
constituant une garantie que l'obligation sera exécutée, doit naturellement
s'éteindre avec cette obligation.

Celle-ci s'éteint pour différentes causes énumérées dans l'article 1234,
Code Civil : citons notamment le paiement de la dette, — la compensation
(extinction des dettes contractées par deux personnes, l'une envers l'autre,
sous certaines conditions), — la confusion (cas où la qualité de débiteur et de
créancier se trouvent réunis dans la même personne) ; par la nullité de
l'obligation, prononcée en justice, — par la perte ou la prise du navire ;

2° Le privilège disparaît encore par la vente en justice opérée dans la
forme que nous indiquerons ci-après (saisie), ou par la vente faite en forme
de vente judiciaire (notamment vente des biens d'une succession) ;

3° Lorsque, après une vente volontaire, le navire aura fait, sous le nom
« et aux risques de l'acquéreur, un voyage en mer sans opposition de la part
« des créanciers du vendeur.

a) Il faut donc ici qu'il y ait eu mutation en douane et délivrance d'un
congé au nom du nouveau propriétaire.

b) Le navire est considéré comme ayant fait un voyage en mer, quand
son départ et son arrivée auront été constatés dans deux ports différents et
trente jours après son départ, — ou que, sans être arrivé dans un autre port,
il s'est écoulé plus de soixante jours entre le départ et le retour dans le
même port, — ou encore quand le navire parti pour un voyage au long cours
a été plus de soixante jours en voyage.

c) L'opposition des créanciers doit donc être formulée entre les mains
de l'acquéreur dans le délai de trente jours pour le cabotage ou soixante
jours pour le long cours.

Signalons qu'aux termes de l'article 196, Code Civil, la vente volontaire
d'un navire en voyage est nulle à l'égard des créanciers du vendeur.

§ 2. — Des hypothèques maritimes

Jusqu'en 1874, étaient seuls susceptibles d'hypothèques, en vertu de l'article 2118 du Code Civil :

1° Les biens immobiliers qui sont dans le commerce, et leurs accessoires réputés immeubles ;

2° L'usufruit des mêmes biens et accessoires pendant le temps de sa durée.

Mais une loi du 10 décembre 1874 décida qu'à l'avenir les navires, bien que meubles, pourraient être hypothéqués.

Source de l'hypothèque maritime

Alors que les hypothèques terrestres sont conventionnelles, légales ou judiciaires, l'hypothèque maritime ne peut être que conventionnelle. La loi du 10 juillet 1885, qui a abrogé et remplacé celle du 10 décembre 1874, stipule en effet dans son article 1er que les navires « ne peuvent être hypothéqués « que par la convention des parties. »

Acte constitutif de l'hypothèque maritime

Le contrat par lequel l'hypothèque maritime est consentie doit être rédigé par écrit, mais il n'est pas nécessaire que ce soit un acte notarié ; il peut être fait sous signatures privées.

Navires susceptibles d'hypothèques

Sont seuls susceptibles d'hypothèques les navires de 20 tonneaux et au-dessus (art. 30 de la loi du 10 juillet 1885).

Toutefois (loi du 4 décembre 1913, art. 21), les navires à voile ou à vapeur de 5 à 20 tonneaux de jauge brute, ou les navires munis d'un autre moyen de propulsion mécanique de 3 à 20 tonneaux de jauge brute totale, sont susceptibles d'hypothèque au cours de leur construction ou pendant les trois mois suivant leur mise en service ou la transformation de leur mode de propulsion, mais exclusivement au profit, soit du constructeur, pour la garantie du paiement du prix de vente, soit des sociétés de crédit maritime et de l'État pour la garantie du remboursement de leurs frets et avances.

D'autre part, une loi du 5 juillet 1917 a institué une hypothèque sur les bâtiments affectés à la navigation fluviale, de 20 tonneaux et au-dessus.

L'hypothèque peut être consentie sur le navire tout entier ou sur une partie seulement. Sauf convention contraire, elle s'étend au corps du navire, aux agrès, apparaux, machines et autres accessoires.

L'hypothèque maritime peut être encore constituée sur le navire en construction. Dans ce cas, elle doit, en vertu de l'article 5 de la loi de 1885, être précédée d'une déclaration faite au receveur principal du bureau des douanes dans la circonscription duquel le navire est en construction. Cette déclaration indiquera la longueur de la quille du navire et, approximativement, ses autres dimensions, ainsi que son tonnage présumé. Elle mentionnera également l'emplacement de la mise en chantier du navire.

Qui peut constituer une hypothèque maritime ?

Ainsi que nous l'avons vu, l'hypothèque maritime est toujours conventionnelle. Aux termes de l'article 3 de la loi du 10 juillet 1885, elle ne peut être consentie que par le propriétaire du navire ou par son mandataire justifiant d'un mandat spécial.

Si le navire a plusieurs propriétaires, il pourra être hypothéqué par l'armateur titulaire pour les besoins de l'armement ou de la navigation, avec l'autorisation de la majorité (celle-ci se déterminant par une portion d'intérêt dans le navire excédant la moitié de sa valeur) et celle du juge.

Dans le cas où l'un des co-propriétaires voudrait hypothéquer sa part indivise dans le navire, il ne pourra le faire qu'avec l'autorisation de la majorité.

Publicité des hypothèques maritimes

Pour être opposable aux tiers, c'est-à-dire pour que les créanciers hypothécaires puissent user de leur droit de suite et de préférence envers les tiers, il faut que l'hypothèque maritime ait une certaine publicité. Celle-ci est réalisée par l'inscription sur un registre spécial tenu par le receveur principal du bureau des douanes dans la circonscription duquel le navire est en construction, ou du bureau dans lequel le navire est immatriculé, s'il est déjà pourvu d'un acte de francisation.

Cette formalité de l'inscription vise aussi bien les hypothèques consenties à l'étranger que celles consenties en France. Sont néanmoins valables, les hypothèques constituées sur le navire acheté à l'étranger avant son immatriculation en France, pourvu qu'elles soient régulièrement inscrites par le consul français sur le congé provisoire de navigation, et reportées sur le registre du receveur des douanes du lieu où le navire sera immatriculé. Ce report doit être fait sur la réquisition du créancier qui devra produire à l'appui le bordereau dont nous avons parlé plus haut.

Tout propriétaire d'un navire construit en France, qui demande à le faire admettre à la francisation, est tenu de joindre aux pièces requises à cet effet, un état des inscriptions prises sur le navire en construction ou un certificat qu'il n'en existe aucune.

Les inscriptions non rayées sont reportées d'office à leurs dates respectives, par le receveur des douanes, sur le registre du lieu de francisation, si celui-ci est autre que celui de la construction.

Si le navire change de port d'immatricule, les inscriptions non rayées sont pareillement portées d'office, par le receveur des douanes du nouveau port où il est immatriculé, sur son registre et avec mention de leurs dates respectives.

Qui doit demander l'inscription ?

L'inscription doit être demandée par le créancier intéressé.

Procédure de l'inscription

Pour opérer l'inscription, le créancier doit présenter au bureau du receveur des douanes un des originaux du titre constitutif d'hypothèque, lequel y reste déposé s'il est sous seing privé ou en brevet, ou une expédition s'il en existe minute.

Il doit y joindre deux bordereaux signés par lui, dont l'un peut être porté sur le titre présenté. Ils contiennent :

1" Les noms, prénoms et domiciles du créancier et du débiteur, et leur profession, s'ils en ont une ;

2" La date et la nature du titre ;

3" Le montant de la créance exprimée dans le titre ;

4" Les conventions relatives aux intérêts et au remboursement ;

5" Le nom et la désignation du navire hypothéqué. la date de l'acte de francisation ou de la déclaration de la mise en construction ;

6" Election de domicile par le créancier dans le lieu de la résidence du receveur des douanes (l'élection de domicile est l'indication d'un domicile auquel pourront être déposées les sommations, assignations, etc., et en général tous les actes de procédure).

Le receveur des douanes fait mention sur son registre du contenu aux bordereaux, et remet au requérant l'expédition du titre, s'il est authentique, et l'un des bordereaux au pied duquel il certifie avoir fait l'inscription.

Le receveur des douanes est tenu de délivrer, à tous ceux qui le requièrent. l'état des inscriptions subsistant sur le navire, ou un certificat qu'il n'en existe aucune.

Durée de l'inscription. — Renouvellement

L'inscription conserve l'hypothèque pendant dix ans, à compter du jour de sa date; son effet cesse si l'inscription n'a pas été renouvelée avant l'expiration de ce délai sur le registre tenu en douane (art. 11 de la loi du 10 juillet 1885).

L'inscription garantit, au même rang que le capital, deux années d'intérêt en sus de l'année courante (art. 13).

Rang des inscriptions

S'il y a deux ou plusieurs hypothèques sur le même navire ou sur la même part de propriété du navire, le rang est déterminé par l'ordre de priorité des dates d'inscription. Les hypothèques inscrites le même jour viennent en concurrence, nonobstant la différence des heures d'inscription (loi 10 juillet 1885, art. 10).

Radiation des inscriptions

Les inscriptions sont rayées soit en vertu d'un jugement, soit du consentement du créancier. Dans le premier cas, il faut que le jugement ait été rendu en dernier ressort ou soit passé en force de chose jugée. Dans le second cas, il faut que le consentement du créancier (ou du cessionnaire) soit donné par acte authentique.

Dans le cas où l'acte constitutif de l'hypothèque est sous seing privé, ou si, étant authentique, il a été reçu en brevet, il est communiqué au receveur des douanes qui doit, séance tenante, y mentionner la radiation totale ou partielle.

Effets de l'hypothèque

L'hypothèque confère au créancier qui en est bénéficiaire un droit de suite et un droit de préférence.

Droit de suite

Le droit de suite permet au créancier de saisir le navire partout où il se trouve, en obligeant celui qui le possède à lui payer ce qui lui est dû, s'il ne préfère délaisser le navire ou en subir l'expropriation.

Il fallait donc prévoir tout d'abord des garanties spéciales contre les aliénations que le propriétaire pourrait être tenté de faire, en violation des droits des créanciers. Aussi la loi du 10 juillet 1885 spécifie-t-elle, en son article 33, que « la vente volontaire d'un navire grevé d'hypothèques à un « étranger, soit en France, soit à l'étranger, est interdite. Tout acte fait en « fraude de cette disposition est nul, et rend le vendeur passible des peines « portées par l'article 408 du Code pénal. L'article 463 du même Code pourra « être appliqué.

Le droit de suite des créanciers hypothécaires est d'autre part plus sérieusement garanti que celui des créanciers privilégiés.

Mode d'extinction du droit de suite

Le droit de suite s'éteint en même temps que l'obligation qu'il garantit, en cas de vente judiciaire ou forcée et en cas de vente en forme de vente forcée. Mais alors que le droit des créanciers privilégiés disparaît, comme nous l'avons vu, si le navire est vendu et opère un nouveau voyage, sans opposition de leur part, le droit de suite des créanciers hypothécaires ne s'éteint que si l'acquéreur effectue dans la quinzaine de l'achat les notifications prévues pour la purge par la loi du 10 juillet 1885.

Purge

La purge est une procédure destinée à débarrasser (purger) le navire des droits hypothécaires dont il est grevé, de façon à se garantir des poursuites que pourraient lui intenter les créanciers.

L'acquéreur d'un navire ou d'une portion de navire hypothéqué qui veut l'exercer doit, dans le délai de quinzaine de l'acquisition, notifier à tous les créanciers inscrits, au domicile élu dans leurs circonscriptions :

1° Un extrait de son titre indiquant seulement la date et la nature de l'acte, le nom du vendeur, le nom, l'espèce et le tonnage du navire et les charges faisant partie du prix :

2° Un tableau, sur trois colonnes, dont la première contiendra la date des inscriptions, la deuxième le nom des créanciers, la troisième le montant des créances inscrites.

En même temps l'acquéreur déclare qu'il est prêt à acquitter sur le champ les dettes hypothécaires, jusqu'à concurrence de son prix.

Les créanciers n'ont alors d'autre alternative que d'accepter cette offre (et dans ce cas les derniers inscrits pourront n'être pas payés) ou de requérir la mise aux enchères du navire en offrant de porter le prix à 1/10e en sus.

La vente aux enchères a lieu alors dans les formes ordinaires et les créanciers sont payés, dans l'ordre de leur inscription, sur le nouveau prix.

§ 3. — Saisie et vente forcée

Nous avons vu que le droit de suite confère au créancier le droit de saisir le navire en quelques mains qu'il se trouve, pour se rembourser de sa créance. C'est la procédure de la saisie qui aboutit à la vente forcée.

Qui peut exercer la saisie ?

La saisie peut être exercée par tout créancier dont la dette est devenue exigible. Si l'hypothèque ne grève qu'une partie du navire, le créancier ne peut saisir et faire vendre que cette partie ; toutefois, si plus de la moitié du navire se trouve hypothéquée, le créancier pourra, après saisie, le faire vendre en totalité, à charge d'appeler à la vente les co-propriétaires. D'autre part, la saisie n'est plus possible à partir du moment où le navire est muni de ses expéditions pour le départ, si ce n'est en raison de dettes contractées pour le voyage qu'il va faire : et même, en ce dernier cas, le propriétaire peut empêcher la saisie en donnant caution pour le paiement de ces dettes.

Procédure de la saisie

Le créancier fait commandement de payer au propriétaire, ou au capitaine, si le propriétaire n'est pas domicilié dans le ressort du tribunal du lieu de la saisie ou si la créance est du nombre de celles qui sont susceptibles de privilège sur le navire, aux termes de l'article 191 du Code de Commerce.

Vingt-quatre heures après, il peut être procédé à la saisie par procès-verbal d'huissier, lequel contiendra :

1° Les nom, profession et demeure du créancier qui exerce la saisie ;

2° Le titre en vertu duquel l'huissier procède ;

3° La somme dont il poursuit le payement ;

4° L'élection de domicile faite par le créancier dans le lieu où siège le tribunal devant lequel la vente doit être poursuivie, et dans le lieu où le navire saisi est amarré ;

5° Les noms du propriétaire et du capitaine ;

6° Le nom, l'espèce et le tonnage du bâtiment ;

7° L'énonciation et la description des chaloupes, canots, agrès, ustensiles, armes, munitions et provisions.

Il établit en outre un gardien.

Puis le saisissant notifie, dans le délai de trois jours, au propriétaire, copie du procès-verbal de saisie, et le fait citer devant le tribunal civil « pour voir dire qu'il sera procédé à la vente des choses saisies ».

Si le propriétaire n'est pas domicilié dans le ressort du tribunal, les significations et citations lui sont données en la personne du capitaine du bâtiment saisi, ou, en son absence, en la personne de celui qui représente le propriétaire ou le capitaine. (Loi du 10 juillet 1885, art. 23.)

S'il est étranger, hors de France et non représenté, les citations et significations sont données, ainsi qu'il est prescrit par l'article 69 du Code de procédure civile.

Le procès-verbal de saisie est transcrit au bureau du receveur des douanes du lieu où le navire est en construction, ou de celui où il est immatriculé, dans les trois jours qui suivent la saisie.

Dans la huitaine, le receveur des douanes délivre un état des inscriptions, et, dans les trois jours qui suivent, la saisie est dénoncée aux créanciers inscrits, aux domiciles élus dans leurs circonscriptions, avec l'indication du jour de la comparution devant le tribunal civil.

Le tribunal fixe par son jugement la mise à prix et les conditions de la vente. Si, au jour fixé pour la vente, il n'est pas fait d'offre, le tribunal détermine par jugement le jour auquel les enchères auront lieu sur une nouvelle mise à prix inférieure à la première, et qui est déterminée par le jugement. (Loi du 10 juillet 1885, art. 25.)

De la vente

La vente se fait, à l'audience des criées du tribunal civil, quinze jours après une apposition d'affiche et une insertion de cette affiche dans un des journaux imprimés au lieu où siège le tribunal, et, s'il n'y en a pas, au chef-lieu du département, sans préjudice de toutes autres publications qui seraient autorisées par le tribunal.

Néanmoins, le tribunal peut ordonner que la vente soit faite, soit devant un autre tribunal civil, soit en l'étude et par le ministère d'un notaire, soit par un courtier conducteur de navires, à la Bourse ou dans tout autre lieu du port où se trouve le navire saisi. Dans ces divers cas, le jugement réglemente la publicité locale.

La surenchère n'est pas admise en cas de vente judiciaire.

L'adjudicataire sur saisie, comme l'adjudicataire par suite de surenchère, est tenu de verser son prix, sans frais, à la Caisse des Dépôts et Consignations, dans les vingt-quatre heures de l'adjudication, à peine de folle-enchère.

Il doit, dans les cinq jours suivants, présenter requête au président du tribunal civil, pour faire commettre un juge devant lequel il citera les créanciers, par acte signifié aux domiciles élus, à l'effet de s'entendre à l'amiable sur la distribution du prix.

L'acte de convocation est affiché dans l'auditoire du tribunal et inséré dans l'un des journaux imprimés au lieu où siège le tribunal, et, s'il n'y en a pas, dans l'un de ceux qui sont imprimés dans le département. (Loi du 10 juillet 1885, art. 30.)

Les oppositions à la délivrance du prix doivent être faites dans les trois jours qui suivent celui de l'adjudication ; passé ce délai, elles ne sont plus admises. (Art. 212 du Code de C.)

Les créanciers opposants sont tenus de produire au greffe leurs titres de créances, dans les trois jours qui suivent la sommation qui leur en est faite par le créancier poursuivant ou par le tiers saisi ; faute de quoi il sera procédé à la distribution du prix de la vente, sans qu'ils y soient compris. (Art. 213 du Code de C.)

La distribution du prix de vente se fait en commençant par les **créanciers privilégiés.** Ceux-ci priment tous les autres. Quelle que soit la date de leur créance, ils sont classés et payés dans l'ordre déterminé par la loi (voir plus haut) d'après la nature de leur privilège. Si plusieurs créanciers ont un privilège de même nature, ils viennent au même rang.

Ensuite viennent les **créanciers hypothécaires.** Ceux-ci ne sont appelés dans la répartition du prix que lorsque les créanciers privilégiés ont été désintéressés. Si plusieurs d'entre eux ont une hypothèque sur le navire, ils sont classés suivant les dates d'inscription de leurs hypothèques sur le registre de la douane.

Enfin les **créanciers chirographaires** sont appelés et se partagent ce qui reste, au prorata de leurs créances, quelles que soient les dates de ces dernières.

Lorsque les créanciers ne s'entendent pas sur la distribution du prix, il est dressé procès-verbal de leurs prétentions respectives. Dans la huitaine, chacun d'eux doit déposer au greffe une demande de collocation contenant constituant d'avoué avec titres à l'appui. A la requête du plus diligent, les créanciers sont, par un simple acte d'avoué à avoué, appelés devant le tribunal qui statue à l'égard de tous, même des créanciers privilégiés. Ce jugement est, bien entendu, susceptible d'appel, mais non d'opposition. (Loi du 10 juillet 1885, art. 31 et 32.)

CHAPITRE III

De la propriété et de la copropriété des navires de mer

Le Code Civil définit le droit de propriété « le droit de jouir et de « disposer des choses de la manière la plus absolue, pourvu qu'on n'en fasse « pas un usage prohibé par les lois et les règlements. »

Il ne faut pas confondre « propriétaire » et « armateur ». Il arrive évidemment souvent que les deux qualités se trouvent réunies, mais il arrive également que l'armateur ne soit pas le propriétaire du navire.

Qu'est-ce donc que l'armateur ? L'armateur est celui qui est chargé de l'armement du navire pour l'expédier en mer, en le munissant de tout ce qui est nécessaire à la navigation en vue d'une entreprise maritime et qui en a l'administration et la gestion commerciale. (Desjardins.)

Le droit de propriété sur les navires ne présente aucune particularité autre que la **copropriété**.

La copropriété des navires se rencontre assez souvent en pratique. Elle peut provenir, soit des circonstances, soit de la volonté même des intéressés.

En droit, on nomme les copropriétaires d'un navire des **quirataires**. Ce mot de « quirataires » vient de ce que, autrefois, en Italie, on avait coutume de diviser la propriété du navire en vingt-quatre parts égales appelées « quirats ». les possesseurs de ces parts prenant le nom de « quirataires ».

La copropriété du navire établit entre les propriétaires une société commerciale ayant pour but l'exploitation du navire ; mais c'est une société d'un caractère tout particulier qui ne se rapproche d'aucune des sociétés qu'étudie le Code de Commerce.

Les décisions intéressant l'exploitation du navire sont délibérées en commun ; mais, d'après les règles du droit civil, les décisions intéressant l'objet dont la société est propriétaire, doivent être prises d'un accord unanime ; au contraire, pour tout ce qui concerne le navire. il suffit que la décision soit prise à la majorité, c'est-à-dire par des personnes possédant plus de la moitié du navire. (Art. 220 du Code de Commerce.)

En outre, en droit commun, « nul n'est tenu de rester dans l'indivision » (par « indivision » on entend la propriété commune) : il suffit de la volonté d'un seul propriétaire pour provoquer le partage. Au contraire, en droit maritime, la licitation ne peut être accordée que sur la demande des propriétaires formant ensemble la moitié de l'intérêt total dans le navire, s'il n'y a, par écrit, convention contraire.

D'autre part, chacun des membres de cette société est considéré comme conservant son droit de propriété. Il peut, notamment, disposer de sa part dans le navire et la céder à une autre personne.

Il peut également faire abandon de sa part indivise ; mais il ne peut grever d'hypothèque sa part dans le navire, qu'avec l'autorisation de la majorité.

Cette restriction a été décidée par la loi du 10 juillet 1885 ; en effet, l'hypothèque consentie par l'un de ces propriétaires diminue la valeur de l'ensemble du navire ; si plus tard l'armateur gérant veut hypothéquer le navire tout entier, l'hypothèque partielle constituerait pour lui une gêne ; il est donc nécessaire que l'association, représentée par la majorité, donne son adhésion à cette décision de l'un des copropriétaires.

Conflits entre capitaines et copropriétaires

Si le capitaine congédié est copropriétaire, il peut renoncer à la copropriété et exiger le remboursement du capital qui la représente. Le montant de ce capital est déterminé par des experts convenus ou nommés d'office.

De la responsabilité des propriétaires

Le propriétaire du navire est représenté dans l'exploitation de ce dernier par le capitaine qui est, en quelque sorte, son chargé d'affaires.

En vertu de l'article 216 du Code de Commerce, § 1, « tout propriétaire de navire est civilement responsable des faits du capitaine, et tenu des engagements contractés par ce dernier, pour ce qui est relatif au navire et à l'expédition. »

Mais il est évident que pour tous les actes qui sont étrangers à l'exploitation du navire, le capitaine s'engage seul, même s'il commet des actes à bord ; à plus forte raison, s'il les commettait à terre. Mais une difficulté survient, si le propriétaire n'exploite pas lui-même et loue son navire à un armateur.

En ce cas, l'un et l'autre sont responsables des actes du capitaine.

Celui-ci ne peut cependant être considéré, en ce cas, comme le représentant du propriétaire, qui ne l'a pas nommé. Cette solution a cependant été prise dans l'intérêt des tiers, qui ne connaissent que le propriétaire dont le nom figure à l'acte de francisation, et non l'armateur ; il semble d'ailleurs juste que le propriétaire, qui retire un profit de l'armement du navire, soit responsable aussi des actes accomplis pour son exploitation.

Si le propriétaire du navire est responsable des actes du capitaine, il l'est également des faits de l'équipage, mais cette responsabilité est limitée aux délits et aux quasi-délits. La jurisprudence a même étendu la responsabilité civile du propriétaire aux faits de toute personne embarquée par lui sur son navire.

A quels objets la responsabilité du capitaine est-elle limitée?

En droit commun, « toute personne qui s'oblige *personnellement* est « tenue de remplir son engagement sur tous ses biens, mobiliers et immobi-« liers, présents et à venir. »

Mais, comme nous l'avons vu, en droit maritime on considère que le propriétaire est engagé par le capitaine, pour les actes concernant l'exploitation, et en raison de l'intérêt même qu'il doit retirer de cette exploitation.

Dès lors sa responsabilité sera limitée aux objets mêmes à raison desquels il est engagé, c'est-à-dire au navire et au fret (Code de Commerce, art. 216); il ne sera tenu que jusqu'à concurrence de leur valeur, des loyers de l'équipage et des dépenses de toute nature de l'exploitation.

C'est toujours en vertu de ce principe, que l'emprunt à la grosse fait en cours de route est privilégié sur le navire seulement, et non sur l'ensemble des biens du propriétaire.

Inversement, si le capitaine est propriétaire ou copropriétaire, il sera donc tenu sur tous ses biens des contrats qu'il a passés ou des délits qu'il a commis dans son exploitation (car ici il s'est engagé personnellement).

Enfin et toujours en vertu de ce principe, le propriétaire n'étant engagé qu'en raison du bénéfice qu'il retire de l'exploitation, pourra se libérer de tout engagement en renonçant à cette exploitation, c'est-à-dire notamment au navire et au fret. Il ne s'agit ici, bien entendu, que du navire pour lequel ont été contractées ces obligations, et le propriétaire peut l'abandonner dans l'état où il se trouve même s'il est coulé.

Le Code ne précise pas quel fret doit être abandonné ; on admet généralement que c'est le fret relatif au voyage au cours duquel sont nées les obligations: donc si le navire a fait des escales, c'est l'ensemble des frets dus pour toute l'expédition, pour les marchandises débarquées en cours de route et celles transportées au port de destination.

D'autre part, on admet en général que le propriétaire doit abandonner le *fret brut* (mais cette opinion est discutée).

Avec le fret devront être abandonnés tous les profits normaux de l'expédition : le prix du transport des passagers; les produits de la pêche; les surestaries, etc.

L'abandon aboutissant à l'aliénation du navire ne peut être fait que par le propriétaire lui-même ou par un mandataire spécialement autorisé ; c'est d'ailleurs le propriétaire seul qui peut apprécier si les engagements dont il est tenu dépassent la valeur du navire et du fret.

De même, quand le navire est propriété commune, chacun des copropriétaires reste libre d'abandonner sa part et la majorité ici ne peut imposer sa décision.

Enfin si le navire a été loué à un armateur, l'abandon du loyer et du navire sera décidé par le propriétaire ; l'abandon du fret par l'armateur.

Aucune forme spéciale n'est prescrite par le Code pour l'abandon. Le plus souvent, il sera signifié par acte d'huissier, au créancier.

On discute sur les effets de l'abandon : d'après les uns, la propriété du navire passe aux créanciers ; d'après les autres, ceux-ci ont simplement le droit de revendre, et si la vente produit une somme supérieure à leurs créances, le surplus devra être restitué au propriétaire.

Clause d'irresponsabilité

La clause de non responsabilité a pour effet d'exonérer le transporteur des fautes du capitaine. Cette clause est admise dans les connaissements et contrats de passages.

Il va sans dire que la clause stipulant que l'armateur ne répond pas des fautes du capitaine ou de l'équipage, ne peut affranchir l'armateur de la responsabilité dérivant de ses fautes personnelles.

CHAPITRE IV

Le Capitaine. — Ses fonctions. — Ses droits. — Ses obligations.

Situation juridique du capitaine

Le capitaine est le préposé de l'armateur en ce qui concerne la conduite et l'administration du navire ; il a certaines attributions d'ordre public ; ses droits et obligations résultent de ce double caractère.

Il n'est pas commerçant ; il est pour la conduite de son navire amené à faire de nombreuses opérations commerciales, notamment l'engagement des gens de mer, les contrats d'affrétement, des connaissements, des emprunts, etc., cependant il n'agit pas pour son compte personnel, mais bien pour le compte et au nom de l'armateur.

Il est donc le représentant, le *préposé* de l'armateur qui le nomme, le rémunère et le congédie ; l'article 232 du Code de Commerce dispose que quand il se trouve dans un lieu où réside l'armateur ou son fondé de pouvoirs il ne peut sans leur autorisation, fréter le navire, le radouber, etc., en un mot, prendre les mesures importantes concernant le navire. C'est en leur absence seulement qu'il a tous pouvoirs, sous sa responsabilité.

Le capitaine n'étant pas commerçant, n'est pas patenté. Toutefois, la loi dispose qu'il est, comme les commerçants, électeur et éligible au Tribunal de Commerce et aux Chambres de Commerce ; les capitaines peuvent, en effet, par leurs connaissances, apporter ou collaborer très utilement aux travaux de ces assemblées.

Nomination

Le capitaine est dépositaire d'intérêts très importants, de l'existence même des passagers et de l'équipage ; d'autre part, il a, comme nous le verrons, des attributions d'ordre public.

Il est donc naturel que la loi intervienne pour préciser les conditions auxquelles il doit satisfaire.

Bien que nous n'ayons pas à parler ici de ces dernières, disons cependant qu'une condition exigée de tous les capitaines est la qualité de Français et que ceux-ci doivent en outre satisfaire à des conditions de capacité qui varient suivant qu'il s'agit de la navigation au long cours, au cabotage ou au bornage, et qui sont actuellement déterminées par le décret du 2 novembre 1920.

Le capitaine est nommé par l'armateur. Si le propriétaire et l'armateur sont deux personnes distinctes, c'est à l'armateur et non au propriétaire qu'appartient sa désignation.

Toutefois, le propriétaire qui loue son navire en bloc à un affréteur principal, peut se réserver, par le contrat, le choix du capitaine, en raison de la responsabilité qui pèse sur les propriétaires.

En cas de copropriété du navire, le capitaine est choisi par la majorité, et ce, en vertu de l'article 220 du Code de Commerce qui veut que « en tout « ce qui concerne l'intérêt commun des propriétaires d'un navire », l'avis de la majorité soit suivi.

Le capitaine peut être engagé au mois ou au voyage, au fret ou au profit. Par application de l'article 272 du Code de Commerce, il est traité, au point de vue du paiement des salaires, du rapatriement, etc., comme les autres gens de mer.

Si c'est l'armateur qui nomme le capitaine, c'est également lui qui le congédie. Il peut le congédier en tous temps et en tous lieux sans lui donner de motif, et même sans lui verser d'indemnité, à moins qu'il n'y ait convention par écrit. Il est en effet indispensable que l'armateur ait pleine confiance en son capitaine et puisse le remplacer sans aucune difficulté dès qu'il le juge nécessaire.

Toutefois si le capitaine est copropriétaire du navire pour plus de la moitié, il ne peut être congédié ; s'il n'en possède pas la moitié, il peut en cas de congédiement, obliger, comme nous l'avons d'ailleurs dit plus haut, ses copropriétaires à lui racheter sa part. Cette part est déterminée par des experts convenus ou nommés d'office.

Attributions

Le capitaine a un double rôle à bord : un rôle public et un rôle privé.

Son *rôle public* est multiple.

Comme représentant de l'autorité publique il a la police du bord, et à cet égard il possède des pouvoirs disciplinaires sur l'équipage et même les passagers.

Il est en outre officier de police judiciaire, il est chargé de constater et de dénoncer les crimes et délits commis à son bord, de rechercher et d'arrêter les coupables.

Il est sous les ordres de la Marine de l'Etat.

Comme officier d'état civil il constate les naissances et les décès survenus à son bord. Comme notaire il peut recevoir le testament des gens de l'équipage et des passagers et liquider leur succession.

Son *rôle privé* consiste à diriger le navire et à veiller à la sécurité des personnes et la conservation des marchandises.

Nous examinerons d'abord son rôle public, puis son rôle privé.

Police du bord

Comme représentant de l'autorité publique il a la police du bord.

Les pouvoirs disciplinaires du capitaine sont basés sur la nécessité d'assurer, avec le succès de l'entreprise commerciale, la sécurité du bord.

Ils ont été définis par le décret-loi du 24 mars 1852, texte fondamental dont un exemplaire doit se trouver à bord de chaque navire, et qui a été modifié par les lois du 21 mars 1891 (loi Bérenger), du 15 avril 1898, du 31 juillet 1902, etc.

D'une façon générale, le capitaine a sur les gens de l'équipage et sur les passagers l'autorité que comportent la sûreté du navire, les soins des marchandises et le succès de l'expédition (art. 97 du décret-loi du 24 mars 1852). Nous verrons, en étudiant l'équipage, les pouvoirs dont le capitaine dispose à son égard.

En ce qui concerne les passagers, son pouvoir s'étend sur toutes les personnes embarquées, employées ou reçues à bord de son bâtiment, du jour de leur inscription au rôle d'équipage ou de leur embarquement en cours de voyage, jusques et y compris le cours de leur débarquement.

Les infractions sont divisées en faute de discipline, délits, crimes.

Les fautes contre la discipline, pour les passagers, sont notamment le refus d'obéissance et l'ivresse sans désordre.

Les peines disciplinaires sont l'exclusion de la table du capitaine, les arrêts dans la chambre.

Comme délits, citons notamment le détournement ou le gaspillage des vivres ou des liquides à l'usage du bord, l'ivresse avec désordre, la désobéissance avec l'injure ou menace ou avec refus formel d'obéir.

Le décret du 24 mars 1852 (art. 63) dispose que toute personne coupable de voies de fait envers le capitaine ou un officier du bord, sera punie d'emprisonnement et d'amende ; de même, toute personne qui aura formellement refusé d'obéir aux ordres donnés pour le salut du navire ou de la cargaison.

Parmi les crimes, en ce qui concerne les passagers, le décret cite notamment la perte volontaire du navire, le vol, l'altération volontaire des vivres, boissons, par le mélange de substances malfaisantes.

Ces crimes sont jugés par les tribunaux ordinaires et punis des peines qui sont énoncées au décret ou, si le décret n'en indique point, des peines ordinaires.

Livre de punitions

Toutes les punitions infligées doivent être mentionnées, par le capitaine, immédiatement sur un registre coté et paraphé par l'administrateur de l'Inscription Maritime, nommé livre de punitions. Il doit y mentionner également les crimes et délits commis à bord.

Ce livre est présenté au visa de l'administrateur de l'Inscription Maritime ou du consul quand des fautes ont été commises en cours de route. L'autorité qui statue inscrit sa décision en marge. Enfin, le livre est remis à l'Administrateur de l'Inscription Maritime du port de désarmement.

Attributions comme officier de police judiciaire

Le capitaine doit, dès qu'il a été avisé d'un délit commis à bord, procéder à une instruction sommaire, assisté de l'officier qui a fait le rapport, recevoir les dépositions des témoins à charge et à décharge, et dresser procès-verbal du tout. (Art. 25 du décret-loi.)

Il adresse sa plainte et les pièces de l'instruction à l'autorité maritime, coloniale ou consulaire, suivant le lieu où le navire se trouvait au moment où le délit a été commis.

Il en est de même en cas de crime; mais en ce cas, le capitaine saisit en outre les pièces à conviction et fait arrêter l'inculpé (décret-loi, art. 49). A son arrivée dans un port, il remet le prévenu et les pièces du procès à l'administrateur de l'Inscription Maritime qui complète au besoin l'instruction, transmet les pièces dans les vingt-quatre heures au procureur de la République et pourvoit au transport de l'accusé devant l'autorité judiciaire (art. 50). Si le navire aborde dans un port étranger, le consul, saisi par le capitaine, débarque l'inculpé s'il le juge nécessaire et le dirige sur le port d'armement.

Rapports du capitaine avec la marine de guerre

Dans les ports ou rades de France, l'administrateur de l'Inscription Maritime a le droit de réprimer les fautes de discipline de l'équipage. Dans les ports et rades étrangères, ce droit appartient au commandant de bâtiment de guerre français ou à défaut, au consul, et à défaut, au capitaine de la marine marchande le plus âgé.

Dans une rade étrangère, le capitaine de commerce doit, à son arrivée et à son départ, se rendre à bord du navire de guerre français commandant la rade et aussi chaque fois qu'il y est mandé.

Hors des ports français, le commandant d'un bâtiment de l'Etat a droit de police et de visite sur tous les navires de commerce français. Le commandant d'un navire de guerre convoyant des navires de commerce peut démonter ou remplacer le capitaine convoyé dont la conduite ou la désobéissance est de nature à compromettre la sûreté du convoi ou même le faire traduire en conseil de guerre dans certains cas.

Inversement, les bâtiments de guerre doivent protection aux bâtiments de commerce et marins français.

Les bâtiments de commerce peuvent être réquisitionnés par l'Etat en cas de guerre (loi du 31 janvier 1893, art. 7) et même, en temps de paix, dans certaines circonstances (lois du 3 juillet 1877 et du 17 juillet 1898 et décrets 2 août 1877 et 8 mai 1900).

Un décret du 31 juillet 1914 a réglementé à nouveau les réquisitions de l'autorité maritime.

Les réquisitions peuvent porter sur les navires de commerce et de plaisance, les embarcations et engins flottants de toute nature, de nationalité française, le matériel, les approvisionnements et les marchandises qu'elles contiennent.

Peuvent être également réquisitionnés l'état-major et l'équipage : ils doivent prêter leur concours toutes les fois qu'il ne s'agit pas d'armer le navire en croiseur auxiliaire.

Peuvent en *tout temps* exercer les réquisitions sur l'ordre ou en vertu d'une délégation du Ministre de la Marine, les préfets maritimes, les commandants de la marine, les directeurs et administrateurs de l'Inscription maritime, les officiers du Commissariat de la marine, les officiers commandant une force navale ou un bâtiment isolé ; en dehors des eaux territoriales, les gouverneurs, les représentants diplomatiques ou consulaires de la France, les officiers commandant une force navale ou un bâtiment isolé.

En cas de mobilisation de l'armée de mer, les préfets maritimes, les commandants de la marine, les directeurs de l'Inscription maritime, les officiers commandant une force navale ou un bâtiment isolé, exercent de plein droit des réquisitions : ils peuvent déléguer ce droit à tout officier de marine, à tout officier du Commissariat placé sous leurs ordres et en cas de nécessité absolue à tout autre officier de l'armée de mer.

D'autre part, certaines autorités militaires ont aussi un droit de réquisition.

La réquisition est faite par écrit : elle entraîne pour le capitaine, maître ou patron, l'obligation de débarquer au lieu désigné par l'autorité requérante, les passagers ainsi que les objets non réquisitionnés ; toutefois l'autorité requérante peut autoriser le maintien de ces derniers à bord.

Il est dressé, au moment de la remise, un état descriptif et un inventaire des marchandises et du matériel réquisitionné ou maintenu à bord : un exemplaire est remis au représentant du navire, l'autre est transmis au Ministre de la Marine.

Une commission mixte d'évaluation évalue l'indemnité à attribuer : elle est fixée par le Ministre. En cas de contestation, le juge de paix ou le tribunal civil est compétent ; en cas d'acceptation, l'indemnité est réglée immédiatement par les soins de l'autorité maritime.

Au cours de la dernière guerre, les navires de mer susceptibles de rendre des services au pays furent d'abord réquisitionnés par la marine nationale et placés sous le régime de la loi de 1877.

Puis, par application d'une loi en date du 10 février 1918, un décret du 15 du même mois décida la réquisition générale de tous les bâtiments de mer de nationalité française, habituellement affectés au transport des personnes et des marchandises. Les réquisitions résultant de cette décision étaient faites par les soins du commissaire aux Transports maritimes et à la Marine marchande, ou des autorités déléguées à cet effet, en France, aux colonies, dans les pays de protectorat et à l'étranger.

La notification qui était faite pour chaque navire, par écrit, d'une part aux armateurs et propriétaires ou à leurs représentants, d'autre part aux capitaine, maître ou patron, faisait mention, s'il y avait lieu, de la réquisition des personnels, des états-majors et des équipages. Dans ce cas, il était immédiatement procédé, par les soins du capitaine ou, à son défaut, par ceux de l'autorité requérante, aux notifications individuelles concernant son personnel.

Les formes et modalités de la réquisition, les conditions de gestion de chaque navire réquisitionné, les conditions du règlement et de la liquidation des indemnités étaient déterminées par des conventions conclues entre l'Etat et les armateurs et propriétaires des navires, et portaient référence à une charte-partie type établie par le commissaire aux Transports maritimes et à la Marine marchande.

A défaut de conventions amiables, les règles prévues pour les réquisitions de l'autorité maritime étaient applicables.

Attributions du capitaine comme officier d'état civil

On appelle « actes d'état civil », les actes écrits établissant l'état des personnes dans la société et déterminant les droits et les devoirs qui en découlent.

En principe, les actes d'état civil concernant les militaires et les marins doivent être établis dans les formes ordinaires : il a été néanmoins nécessaire de poser des règles spéciales pour la constatation des événements survenus à bord.

Les articles 50 à 62, 86 à 92 du Code Civil, modifiés par la loi du 8 juin 1893 ont déterminé les cas dans lesquels le capitaine sera compétent et les règles qu'il doit suivre.

Toutes les prescriptions de la loi du 8 juin 1893 doivent être strictement observées ; leur inobservation entraînerait pour le capitaine une condamnation à des dommages-intérêts à la demande à des parties intéressées (art. 51 et 52 du Code de Commerce), ainsi que les peines prévues par le Code Pénal, article 45, contre les officiers d'état civil coupables d'erreur ou de négligence ou de faux. Il doit observer rigoureusement les règles générales communes à tous les actes d'état civil en ce qui concerne les formalités et énonciations, les pièces produites, procuration, etc., ainsi que les règles spéciales aux différents actes. Les règles spéciales introduites par la loi du 8 juin 1893 sont les suivantes :

1° Le capitaine doit remplir lui-même les fonctions qui lui sont attribuées par cette loi ; c'est seulement en cas de mort, de maladie ou d'absence qu'il est remplacé par le second ou l'homme de l'équipage le plus élevé en grade, ayant vingt et un ans et sachant lire et écrire ; dans ce cas, l'acte doit mentionner les circonstances par suite desquelles le capitaine a dû être remplacé.

Le capitaine ou son suppléant sont appelés *officiers instrumentaires*.

Quels actes les officiers instrumentaires peuvent-ils faire ?

Les officiers instrumentaires peuvent faire tous les actes d'état-civil, sauf l'acte de mariage.

Règles concernant les actes de naissance

En cas de naissance pendant un voyage maritime, il doit en être dressé acte dans les trois jours de l'accouchement, en présence du père s'il est à bord, et de deux témoins pris parmi les officiers du bâtiment, ou, à leur défaut parmi les hommes de l'équipage.

Si la naissance a lieu pendant un arrêt dans un port, l'acte doit être dressé dans les mêmes conditions, lorsqu'il y a impossibilité de communiquer avec la terre ou lorsqu'il n'existe pas dans le port, si l'on est à l'étranger, d'agent diplomatique ou consulaire français investi des fonctions d'officier de l'état-civil.

Il est fait mention dans l'acte des circonstances dans lesquelles il a été dressé. (Code Civil, art. 59).

Cet acte, *comme d'ailleurs tous les actes d'état civil et procès-verbaux de disparition*, est inscrit immédiatement à la suite du rôle d'équipage sur l'annexe : « Enregistrement des actes de l'état civil », sans aucun blanc. Il est signé : les ratures et renvois sont approuvés et également signés.

Au premier port où le navire aborde ensuite, le capitaine remet deux expéditions de l'acte de naissance à l'administrateur de l'Inscription Maritime, si le port est français, au consul de France, si le port est étranger, qui émarge au rôle d'équipage.

L'une des expéditions déposées est adressée au Ministre de la Marine qui la transmet à l'officier d'état civil du dernier domicile du père de l'enfant, ou de la mère si le père est inconnu, afin qu'elle soit transcrite sur les registres ; si le dernier domicile ne peut être retrouvé ou s'il est hors de France, la transcription est faite à Paris.

L'autre expédition reste déposée aux archives du Consulat ou du bureau de l'Inscription Maritime. (Code Civil, art. 60).

Règles concernant les actes de reconnaissance d'enfants naturels

Dans le cas où la reconnaissance d'un enfant naturel n'a pas été faite dans l'acte de naissance, la déclaration de reconnaissance peut être reçue par l'officier instrumentaire, dans les formes indiquées plus haut pour l'acte de naissance.

Les dispositions relatives au dépôt et aux transmissions s'appliquent également à l'acte de reconnaissance d'un enfant naturel. Toutefois, l'expédition adressée au Ministre de la Marine doit être transmise par lui, de préférence, à l'officier de l'état civil du lieu où l'acte de naissance de l'enfant aura été dressé ou transcrit, si ce lieu est connu. (Code Civ., art. 62).

Règles pour la constatation des décès et disparitions

Les actes de décès doivent être dressés dans les vingt-quatre heures : pour qu'un acte de décès puisse être dressé, il faut que l'officier instrumentaire ait pu constater lui-même le décès. Si une ou plusieurs personnes inscrites au rôle d'équipage ou présentes à bord, tombent à l'eau sans que leur corps puisse être retrouvé, il est dressé un procès-verbal de disparition par l'officier instrumentaire. Le dit procès-verbal est signé par ce dernier et par les témoins de l'accident, et inscrit à la suite du rôle d'équipage.

Le dépôt et la transmission des actes de décès et procès-verbaux de disparition se fait comme pour les actes de naissance.

En cas de présomption de perte totale d'un bâtiment ou de disparition d'une partie de l'équipage ou des passagers, s'il n'a pas été possible de dresser les procès-verbaux de disparition, il est rendu par le Ministre de la Marine, après une enquête administrative et sous formes spéciales, une décision déclarant la présomption de perte du bâtiment ou la disparition de tout ou partie de l'équipage ou des passagers. (Art. 88 du C. Civ.)

La déclaration judiciaire de décès après disparition sera obtenue soit à la requête du Ministre de la Marine, soit à la requête des intéressés suivant les règles établies par les articles 90 et 91 du Code Civil.

Les jugements déclaratifs de décès sont transcrits à leur date sur les registres de l'état civil du dernier domicile ou, si celui-ci est inconnu, à Paris. Ils tiennent lieu d'actes de l'état civil.

Attributions du capitaine comme officier ministériel

Le capitaine peut remplir les fonctions d'officier ministériel, de notaire, « au cours d'un voyage maritime, soit en route, soit pendant un arrêt dans « un port, lorsqu'il y aura impossibilité de communiquer avec la terre ou « lorsqu'il n'existera pas dans le port, si l'on est à l'étranger, d'agent diplo- « matique ou consulaire français investi des fonctions de notaire. » (Art. 988 du Code Civ.)

I. — *Testaments*

Le capitaine ou celui qui le remplace peut recevoir les testaments faits par acte public ; il doit être assisté du second (ou de celui qui le remplace) et de deux témoins qui ne soient ni légataires, ni parents ou alliés, jusqu'au quatrième degré, du testateur. Le testament est écrit par le capitaine en deux originaux sur feuilles séparées et signées par le testateur, par ceux qui l'ont reçu et les deux témoins, puis clos et cachetés séparément. Si cette formalité du double original n'a pu être remplie à raison de l'état de santé du testateur, il est dressé une expédition du testament pour tenir lieu du second original ; cette expédition est signée par les témoins et par les officiers instrumentaires. Il y est fait mention des causes qui ont empêché de dresser le second original. (C. Civ., art. 990.)

Au premier arrêt dans un port étranger où se trouve un agent diploma- tique ou consulaire français, il est fait remise sous pli clos et cacheté, de l'un des originaux ou de l'expédition du testament entre les mains de ce fonctionnaire qui l'adresse au Ministre de la Marine, afin que le dépôt puisse en être effectué chez le notaire indiqué par le testateur ou à défaut d'indica- tion, chez le président de la Chambre des Notaires de l'arrondissement du dernier domicile.

A l'arrivée du bâtiment dans un port de France, les deux originaux du testament, ou l'original et son expédition, ou l'original qui reste, en cas de transmission ou de remise effectuée pendant le cours du voyage, sont déposés, sous pli clos et cacheté, au bureau de l'Inscription Maritime. Chacune de ces pièces est adressée, séparément, et par courrier différent, au Ministre de la Marine qui en opère la transmission au notaire comme nous l'avons dit au paragraphe précédent.

Il est fait mention sur le rôle du bâtiment, en regard du nom du testateur, de la remise des originaux ou expéditions du testament faite au consulat ou au bureau de l'Inscription Maritime. (C. Civ., art. 993.)

II. — *Successions*

Aussitôt après le décès, la disparition, la désertion d'une personne embarquée, le capitaine doit faire l'inventaire détaillé et descriptif de tous les objets, effets, papiers, qu'elle a laissés, en présence de deux témoins qui contresignent l'inventaire. Il est inscrit au rôle, à sa date, avec les actes de l'état civil.

Si dans les papiers se trouve un testament non cacheté, le capitaine doit en faire une copie littérale, certifiée conforme par lui, le second et deux témoins ; puis l'original et les copies sont scellées séparément. Si le testament est clos, le capitaine en présence du second ou de deux témoins, appose une suscription qu'ils signent.

A la première relâche, le capitaine remet l'original à l'agent consulaire français ; au retour dans un port de France, les copies (et l'original s'il est encore à bord) sont remis à l'administrateur de l'Inscription Maritime.

Quant aux effets, ils sont après inventaire, renfermés dans les malles, et remis avec l'inventaire au consul de France ou à l'administrateur de l'Inscription Maritime ; les choses périssables peuvent être vendues aux enchères à bord et le produit en est versé à la Caisse des Gens de Mer.

Devoirs du capitaine comme représentant de l'armateur et gérant d'affaires des tiers intéressés à l'expédition

Nous avons vu que le capitaine doit conduire le navire, veiller à la sécurité des personnes et à la conservation des marchandises.

Nous étudierons les obligations du capitaine au départ, en cours de route, à l'arrivée.

I. — *Au départ*

Tout d'abord le capitaine doit engager l'équipage. L'article 223 du Code de Commerce stipule en effet que : « Il appartient au capitaine de former « l'équipage du vaisseau, et de choisir et louer les matelots et autres gens de « l'équipage ; ce qu'il fera néanmoins de concert avec les propriétaires, « lorsqu'il sera dans le lieu de leur demeure. »

D'autre part, le capitaine doit armer le navire. Il doit donc le munir du gréement, des cables, chaînes, ancres, du matériel de sauvetage, instruments nautiques, etc., en un mot de tout ce qui est indiqué dans le règlement du 21 septembre 1908. Il peut, pour mettre le navire en état, emprunter sur le navire, mais il ne peut constituer hypothèque sans un mandat spécial de l'armateur.

Toutefois si le capitaine se trouve dans le lieu de la demeure des propriétaires, il ne peut emprunter sans leur autorisation.

Ensuite, il peut, soit pour le transport des marchandises, soit pour le transport des voyageurs, passer des contrats d'affrètement.

De plus, le capitaine doit veiller à l'état de navigabilité du navire. Cet état est constaté par les visites ordonnées par la loi du 17 avril 1907. L'armateur qui fait naviguer son navire sans permis ou avec un permis de navigation périmé est puni d'amende; le capitaine est passible de la même peine, mais celle-ci peut être réduite pour lui au quart s'il a agi sur l'ordre de l'armateur.

Enfin, le capitaine doit surveiller le chargement et l'arrimage des marchandises. D'une façon générale le capitaine devient responsable des marchandises lorsque celles-ci sont à sa disposition sur le quai. Il n'est pas tenu d'assister en personne à leur chargement, mais il agira prudemment en étant présent au moment où celles-ci sont mises à bord. Il devra faire le nécessaire pour que chaque espèce de marchandise occupe sur le navire la place qui lui convient. (L'arrimage est actuellement réglementé par un décret du 1ᵉʳ décembre 1893). Souvent, pour mettre sa responsabilité à couvert, le capitaine fait constater le bon arrimage par des experts spéciaux, appelés « arrimeurs jurés », mais le certificat de bon arrimage ne couvre la responsabilité du capitaine que jusqu'à preuve contraire.

En vertu de l'article 229 du Code de Commerce, le capitaine, sauf dans le petit cabotage, répond de tout le dommage qui peut arriver aux marchandises qu'il aurait chargées sur le tillac de son vaisseau sans le consentement par écrit du chargeur.

II. — *En cours de route*

Les obligations du capitaine pour assurer l'arrivée du navire et des marchandises peuvent se ramener aux cinq points suivants :

1ᵉʳ Etre présent à bord et assurer le commandement.

Le capitaine est tenu d'être en personne sur son navire à l'entrée et à la sortie des ports, hâvres ou rivières (C. de Commerce, art. 227) sous peine d'une amende et des dommages-intérêts que les intéressés au navire et au chargement pourraient lui demander (art. 228). D'autre part, le fait d'abandonner le commandement constitue une faute. L'article 238 du Code de Commerce stipule en effet que : « Tout capitaine de navire, engagé pour un « voyage, est tenu de l'achever à peine de tous dépens, dommages et intérêts « envers les propriétaires et les affréteurs », et le décret du 24 mars 1852 considère que l'abandon de son poste, par un capitaine, avant son remplacement, le met en état de désertion.

Le capitaine ne peut favoriser au profit de qui que ce soit l'usurpation du commandement.

Enfin le fait de s'enivrer l'expose à une peine d'emprisonnement et accessoirement à l'interdiction de commander.

2° Prendre un pilote à l'entrée et à la sortie des ports ; le pilotage est obligatoire (décret du 12 décembre 1806, art. 34). Si le capitaine préfère guider le navire lui-même, il le fait à ses risques et périls et est tenu d'acquitter néanmoins le salaire prévu au pilote.

3° Conduire son navire en droiture ; il doit suivre l'itinéraire indiqué par l'armateur ou, à défaut, la voie la plus directe et qui est suivie normalement ; il ne peut faire relâche dans un port intermédiaire, si elle n'a pas été prévue ; s'il y est contraint pour force majeure (présence de l'ennemi, besoin de vivres, de radouber, d'éviter un blocus), il doit le mentionner dans un rapport de mer (nommé petit consulat), remis au président du Tribunal de commerce ou au juge de paix en France, au consul de France à l'étranger (art. 245 du Code de Commerce).

4° Veiller au salut du navire et de la cargaison. Sur ce point les règlements sont très nombreux. Nous n'avons pas à les étudier ici. Nous rappellerons qu'ils sont relatifs à la sécurité nautique du navire, à l'hygiène, aux feux, règles de route, signaux de brume, etc. Une série de règles concerne les naufrages, abordages, remorquage, sauvetage.

Le capitaine ne peut abandonner son navire qu'en cas de péril extrême et après avoir pris l'avis des officiers et principaux de l'équipage ; il doit alors sauver avec lui l'argent et ce qu'il pourra des marchandises les plus précieuses. Si les objets ainsi retirés du navire périssent ensuite par cas fortuit, le capitaine en demeurera déchargé. (Art. 241 du Code de Commerc.)

En cas d'abandon injustifié, ou en cas de négligence dans le sauvetage des marchandises précieuses, le capitaine est passible d'un emprisonnement d'un mois à un an. La même peine peut lui être infligée si, contrairement aux dispositions du décret du 24 mars 1852 (art. 80) il n'est pas resté à bord le dernier. L'interdiction de commander pendant une période allant de une à cinq années peut également, dans les deux cas, être prononcée.

Le capitaine qui a abandonné son navire doit, pour justifier sa conduite, produire son livre de bord sur lequel il a dû consigner le procès-verbal de la délibération qu'il a eue avec les officiers et principaux de l'équipage. Si les circonstances ne lui ont pas permis de transcrire le dit procès-verbal, ou si le livre de bord a été perdu, il doit à terre déposer devant l'autorité compétente, ledit procès-verbal préalablement vérifié par l'équipage.

5° Tenir les papiers de bord. — La tenue des divers papiers au bord est strictement réglementée. Nous citerons seulement le journal de bord, le journal nautique et le livre des punitions.

Le journal de bord est destiné à recevoir dans l'ordre chronologique l'inscription de tous les actes et résolutions du capitaine, de tous les faits touchant aux intérêts du navire, à la cargaison, ou aux intérêts publics ; on doit donc y mentionner tout ce qui peut faire plus tard l'objet d'un compte rendu, donner lieu à une demande, etc.

Le journal nautique ou livre de loch mentionne tous les faits intéressant la navigation au point de vue technique ; le capitaine doit y porter en outre toutes les communications qui ont eu lieu en mer et tous les événements se rapportant à la santé publique.

Journal des punitions : voir plus haut.

Pouvoirs du capitaine

Pour assurer le succès de l'expédition, le capitaine peut être amené à accomplir certains actes ; le Code de Commerce, rédigé à une époque où les communications étaient difficiles, où les moyens de crédit actuels étaient inconnus, donne au capitaine des pouvoirs qui se justifiaient à cette époque, notamment pour se procurer des ressources et qui paraissent aujourd'hui un peu anormaux :

1° Le capitaine peut, de sa propre autorité et dans la mesure où c'est nécessaire, emprunter sur le corps du vaisseau (emprunt à la grosse) ; emprunter sur les marchandises ; vendre les marchandises ; s'approprier les vivres qui se trouvent à bord pour les besoins du personnel du navire ; vendre le navire en cas d'innavigabilité constatée par les experts et après autorisation des consuls.

Toutefois le capitaine doit faire constater la nécessité de ces actes par un procès-verbal signé des principaux de l'équipage et faire autoriser en outre la dépense (dans les trois premiers cas) par le Tribunal de Commerce ou le juge de paix en France, et, à l'étranger, par le consul ou le magistrat du lieu.

Le propriétaire des marchandises peut, d'ailleurs, les soustraire à la vente ou à la mise en gage, en faisant débarquer les marchandises dans le port où se trouve le navire. Si tous les affréteurs sont d'accord pour opérer ce débarquement le fret ne sera dû que pour la partie du voyage qui a été accomplie ; si un seul affréteur décide de débarquer, il sera tenu du fret tout entier ; il est en effet à présumer, en ce dernier cas, que les dépenses sont bien nécessaires et l'armateur ne saurait encourir aucune perte, à raison de la mauvaise volonté de ce chargeur.

Si après la vente des marchandises le navire arrive au port, le propriétaire a droit à se faire rembourser d'après le cours des marchandises semblables, au lieu d'arrivée, sous déduction du fret, des droits de douane et des frais de déchargement qu'il aurait normalement supportés ; si le navire fait naufrage, le capitaine tiendra compte des marchandises sur le pied qu'il les aura vendues, en retenant également le prix du fret (art. 298, § 2).

Dans l'un et l'autre cas d'ailleurs, l'armateur peut se libérer envers les propriétaires des marchandises vendues, en faisant abandon du navire et du fret.

2° D'autre part, le capitaine peut, mais seulement s'il est muni d'un pouvoir spécial du propriétaire, vendre le navire, (art. 237) ; hypothéquer le navire (loi du 10 juillet 1885). Cette condition s'explique par la gravité de ces actes.

III. — A *l'arrivée*

Il doit effectuer la remise des marchandises (voir affrètement) et des correspondances qu'il peut avoir reçues. Toutefois il ne peut (art. 248), hors le cas de péril imminent, décharger aucune marchandise avant d'avoir fait son rapport de mer ; cette interdiction a un double but :

1° Empêcher le débarquement de marchandises dangereuses avant que les services locaux aient été avisés et aient pris les dispositions nécessaires :

2° Eviter que le capitaine, ayant constaté l'état de la cargaison, ne modifie son rapport de mer, de façon à diminuer sa responsabilité.

Il est tenu, d'autre part, à une série de formalités, que nous avons étudiées déjà, envers les diverses administrations : le Service Sanitaire, la Douane, l'Inscription Maritime et la Marine de Guerre.

A son point de vue propre et comme représentant de l'armateur, il doit :

1° Faire viser son livre de bord ;

2° Déposer son rapport de mer ;

3° Déposer certaines pièces du bord.

Le livre de bord doit être visé dans les vingt-quatre heures de l'arrivée par le président du Tribunal de commerce ou le juge de paix ou par le consul à l'étranger.

Ce visa est destiné à empêcher toutes modifications qui pourraient être faites après coup, pour diminuer les responsabilités du capitaine ou de l'armateur.

Le rapport de mer doit énoncer (art. 242 du Code de Commerce) :

Le lieu et le temps du départ, la route suivie, les hasards courus, les désordres arrivés dans le navire et toutes les circonstances remarquables du voyage.

En général, le rapport de mer n'est que la reproduction du journal de bord ; mais celui-ci reste à bord tandis que le rapport est déposé au greffe du Tribunal de commerce, ou s'il n'en existe pas, au juge de paix qui doit l'envoyer immédiatement au président du Tribunal de commerce le plus voisin ; il est alors déposé au greffe.

A l'étranger, le rapport de mer doit être fait devant le consul de France, ou à son défaut, devant l'autorité compétente (art. 243 et 244).

Le rapport de mer fait toujours foi de son contenu contre le capitaine, pour tous les actes qui peuvent engager sa responsabilité. Au contraire, le capitaine ne peut s'en servir pour formuler des réclamations ou dégager sa responsabilité qu'après qu'il a été vérifié.

Pour effectuer cette vérification, le juge reçoit l'interrogatoire des gens de l'équipage et, s'il est possible, des passagers, sans préjudice des autres preuves (art. 247).

En cas de naufrage, si le capitaine s'est sauvé seul ou avec une partie de l'équipage, il doit faire vérifier son rapport par ceux qui se sont sauvés avec lui (art. 246).

Enfin, si le capitaine s'est sauvé seul, le rapport, quoique non vérifié, a la même force que s'il était vérifié (art. 247).

Mais, dans tous les cas, les parties intéressées peuvent toujours faire la preuve des faits contraires à ceux énoncés dans le rapport (art. 247).

3° Le capitaine doit déposer certaines pièces du bord, notamment l'acte de francisation et le congé ; ils sont remis dans les vingt-quatre heures à la Douane qui les garde jusqu'au départ.

IV. — *Comptes commerciaux*

L'article 235 du Code de Commerce stipule que « le capitaine, avant son « départ d'un port étranger ou des colonies françaises pour revenir en « France, sera tenu d'envoyer à ses propriétaires ou à leurs fondés de « pouvoir un compte signé de lui, contenant l'état de son chargement, le « prix des marchandises de sa cargaison, les sommes par lui empruntées, les « noms et demeures des prêteurs. »

Dans la pratique, c'est le représentant de l'armateur dans le port où le navire a touché, qui établit le compte précité et y joint toutes pièces justificatives utiles.

Fautes du capitaine et responsabilité

a) Comme mandataire de l'armateur, il est régi par les principes du Code Civil sur le mandat et le louage de services, par suite il répond envers lui de ses fautes même légères, c'est-à-dire de celles que n'aurait pas commises un capitaine moyennement diligent ; cette règle est reproduite d'ailleurs par le Code de Commerce dans son article 221.

Toujours conformément aux règles du droit commun, l'armateur n'a pas à démontrer la faute du capitaine, il a simplement à établir l'existence du dommage subi. Le capitaine doit alors, pour dégager sa responsabilité, démontrer que ce dommage résulte de forces majeures (art. 230).

Le capitaine est, en outre, responsable envers l'armateur :

Des fautes commises par l'équipage dans le service du navire, conformément au principe posé par l'article 1384 du Code Civil : Les maîtres et

« commettants sont responsables des dommages causés par leurs préposés
« dans les fonctions auxquelles ils les ont employés » ; il répond aussi des
fautes commises par les passagers, s'il avait le pouvoir de les empêcher.

b) Vis-à-vis des tiers, il n'est plus lié par un contrat, sa responsabilité est
régie par les principes généraux du droit ; aux termes de l'article 1382 du
Code Civil « tout fait de l'homme qui cause un dommage à autrui, oblige
« celui par la faute duquel il est arrivé à le réparer ».

Le capitaine sera donc tenu de toutes ses *fautes*, qui causent un préjudice
aux tiers, mais il n'est pas tenu pour les cas de force majeure, ni pour les
actes qu'il accomplit dans l'exercice de ses fonctions, c'est-à-dire pour les
besoins du navire et de l'expédition, ceux-ci n'engagent que l'armateur et le
propriétaire, qui profitent seuls de l'expédition (art. 216, du Code de Commerce).

Conformément au droit commun, c'est au tiers qui demande des dommages-intérêts au capitaine, à prouver qu'il y a eu faute de sa part.

Comme on le voit, le capitaine n'est dégagé de sa responsabilité qu'en
cas de force majeure, ou s'il a agi pour les besoins de l'expédition ; pour en
justifier, le capitaine a tout intérêt à observer strictement les formalités
légales, notamment la tenue régulière du livre de bord. Le rapport de mer,
nous l'avons vu, lorsqu'il est régulièrement affirmé, fait preuve des faits
qu'il énonce et les parties adverses ont alors la charge, toujours pénible,
de prouver l'inexactitude de son contenu.

3° Enfin les faits illicites commis par le capitaine entraînent des peines
disciplinaires contre lui-même. Ces faits sont indiqués par le Code de
Commerce ou le décret du 24 mars 1852.

Les fautes du capitaine prennent en général le nom de baraterie.

Citons comme exemple de fautes :

L'arrimage défectueux des marchandises entraînant des avaries, l'inobservation des formalités de douanes ou de police sanitaire, etc.

Tous ces faits, n'étant pas illicites, donnent lieu à des dommages-intérêts.

Faits illicites : la vente du navire hors le cas d'innavigabilité légalement
constatée, le vol à bord, le déchargement des marchandises avant d'avoir
déposé son rapport, la destruction du navire dans une intention criminelle,
le jet à la mer de marchandises sans nécessité absolue, la pratique de la
contrebande, le fait de ne pas se présenter à son arrivée sur rade étrangère
au bâtiment de guerre français commandant sur rade, l'abandon du navire
sauf cas de force majeure.

Tous ces faits, outre les dommages-intérêts au profit des parties, entraînent l'application de pénalités prévues et énumérées dans le décret du
24 mars 1852 et qui vont depuis l'amende jusqu'aux travaux forcés (en cas
de détournement ou perte du navire).

CHAPITRE V

De l'équipage — De l'engagement des gens de mer

L'engagement des gens de mer est une convention par laquelle ceux-ci s'engagent, moyennant une rémunération, au service d'un navire.

C'est donc un contrat synallagmatique (qui comporte des obligations pour les deux parties) et un contrat commercial, puisqu'il est fait (art. 633 du Code de Commerce), en vue d'un acte de commerce.

Formation du contrat

Le contrat doit être conclu sous le contrôle de l'administrateur de l'Inscription Maritime et, à l'étranger, du consul. Cette règle a différents buts :

1° Protéger les matelots qui sont, en général, peu instruits des règles du droit ;

2° Tenir l'autorité au courant des mouvements des gens de mer, des salaires qu'ils reçoivent, etc.

La revue d'armement ou de départ consiste dans la présentation de l'équipage à l'administrateur de l'Inscription Maritime ; lecture est donnée alors de l'engagement de l'équipage. L'administrateur peut ainsi apprécier la légalité de cet engagement, renseigner les marins sur leurs devoirs et sur leurs obligations, etc.

A la suite de la revue d'armement, l'administrateur de l'Inscription Maritime dresse le *rôle d'équipage*. — Cette pièce, qui est établie en double exemplaire, dont l'un est remis au capitaine et l'autre est laissé entre les mains de l'administrateur de l'Inscription Maritime, donne tout d'abord le nom et les caractéristiques du navire, le genre de navigation qu'il pratique, ensuite la liste de tout le personnel du bord avec les conditions auxquelles il a loué ses services.

Chaque bâtiment doit être muni d'un rôle, et le conserver à bord, de façon à pouvoir le présenter à toute réquisition, sous peine d'amende ; l'absence de rôle peut même constituer une présomption de piraterie.

Il n'est valable que pour le genre de navigation pour lequel il a été délivré ; il doit être renouvelé à chaque voyage pour les bâtiments armés au long cours, et tous les ans, pour ceux pratiquant le bornage ou le cabotage.

C'est là, on le voit, une pièce essentielle, car elle permet de vérifier si la proportion réglementaire de Français est observée dans la composition de l'équipage, si le commandant réunit les conditions exigées pour cette fonction ; si l'effectif de l'équipage est pleinement conforme aux règlements en vigueur.

C'est également ce document qui constitue l'acte authentique du contrat d'engagement des gens de mer au point de vue des obligations civiles (art. 250 du Code de Commerce), qui donne à ce contrat ce caractère particulier, en vertu duquel les équipages sont assujettis à une discipline spéciale, qui permet enfin de constater les embarquements successifs et les services de navigation accomplis par les marins de profession.

Examiné en détail, le rôle comprend :

a) La nature de l'armement, long cours, cabotage, etc.), sa date et son numéro d'ordre (d'après le répertoire des armements tenu dans chaque quartier).

b) Le nom, l'espèce, les principales caractéristiques du navire, son port d'immatriculation, les noms de son propriétaire, de son capitaine.

c) Les conditions générales de l'engagement (le plus souvent mentionnées sur un document distinct annexé au rôle et signé par l'armateur ou le capitaine et par l'administrateur de l'Inscription Maritime).

d) Des renseignements d'identité concernant chacune des personnes embarquées ; ces renseignements sont portés dans une série de cases individuelles, en regard desquelles sera établi le décompte de ce qui est dû à chaque engagé d'après sa fonction, le taux de ses gages, le temps qu'il a passé à bord, les heures de travail supplémentaires qu'il a effectuées, etc. : de même on doit y mentionner avec l'indication des circonstances qui les ont motivés, tous les mouvements d'embarquement et de débarquement.

e) La formule de soumission, par laquelle le capitaine ou l'armateur s'engage à se conformer aux lois et règlements sur le rôle d'équipage et l'engagement des gens de mer.

f) La certification par l'autorité maritime, coloniale ou consulaire qui y procède, des opérations de la revue d'armement, à l'ouverture du rôle, et de la revue de désarmement, au règlement des comptes du voyage.

g) La liquidation de désarmement ou arrêté de comptes, faisant ressortir le montant des sommes à verser au trésorier des Invalides, soit comme droits de la Caisse des Invalides et de la Caisse de Prévoyance, soit comme dépôts à faire à la Caisse des Gens de Mer.

h) Enfin, les visas d'arrivée et de départ par l'autorité maritime, coloniale ou consulaire, des différents ports d'escale du bâtiment, avec indication de sa provenance, de sa destination, de son chargement et du nombre de personnes, équipage et passagers, présentes à bord.

Enfin, comme nous l'avons vu, le capitaine doit y enregistrer les faits qu'il est appelé à constater à bord comme officier de l'état civil ou comme officier ministériel.

Obligations de l'armateur envers l'équipage

L'armateur doit assurer à l'équipage un logement, une nourriture salubre, des soins médicaux, un salaire et le rapatriement.

Nous ne parlerons ici que du salaire et du rapatriement.

Le salaire

On l'appelle aussi **loyer**. Les gens de mer peuvent être engagés soit à **salaire fixe**, c'est-à-dire au voyage ou au mois, soit à **profit éventuel**, la rémunération du matelot dépendant du résultat du voyage. Dans ce dernier cas, l'engagement peut être fait **à la part**, l'équipage recevant une part dans les bénéfices réalisés par l'expédition (notamment en cas de pêche), ou **au fret**, l'équipage recevant une part du fret que l'armateur a touché. Cette part se calcule de diverses façons : au tonneau, au tiers franc, etc.

Paiement

Les loyers ne sont pas payés librement par l'armateur ; le versement des salaires ne doit avoir lieu qu'au retour du navire, en présence et avec le concours de l'administrateur de l'Inscription Maritime.

Cette règle se justifie, comme la plupart de celles relatives à l'engagement des gens de mer :

1° Par leur propre intérêt : le marin étant payé au retour, ne pourra gaspiller ses salaires aux escales ; l'administrateur de l'Inscription Maritime qui assiste au paiement pourra l'éclairer sur ses droits, régler les contestations qui naîtront ;

2° Par l'intérêt de l'Etat : il importe que les retenues légales soient exercées sur ces salaires, pour être versées à la Caisse des Invalides de la Marine, ou à la Caisse de Prévoyance des Gens de Mer.

A l'arrivée du navire au port de désarmement, l'administrateur de l'Inscription procède à la *revue de désarmement ;* le capitaine lui présente l'équipage et lui remet le rôle, sur lequel, nous l'avons vu, est porté le décompte de ce qui est dû à chacun.

L'administrateur vérifie ce décompte et calcule ce qui doit lui être versé et ce qui revient aux Caisses des Invalides et de Prévoyance ou des Gens de Mer ; celle-ci reçoit, en effet, le salaire des marins absents, disparus ou décédés (les comptes peuvent aussi être portés sur un rôle spécial appelé rôle de désarmement).

L'armateur verse alors à chacun des matelots ce qui lui revient, devant l'administrateur de l'Inscription Maritime qui l'indique au rôle en regard de chaque nom. Dans les trois jours, il verse les sommes dues aux caisses.

Cette règle, très sévère, peut présenter de graves inconvénients pour les hommes si le navire vient à désarmer à l'étranger — si le marin est obligé de quitter le bord avant la fin de la campagne — si l'armateur devient insolvable, etc.

Aussi, en pratique, a-t-on admis des exceptions nombreuses à cette règle :

1º Des avances peuvent être versées aux marins au départ ou des acomptes en cours de route, avec l'autorisation et en présence de l'administrateur ou du consul ; ils permettent au marin de laisser des ressources à sa famille ou de se procurer les vêtements ou effets qui lui sont nécessaires.

2º Les marins peuvent autoriser leur famille à toucher une partie de leur loyer par voie de délégation ; en principe, les officiers peuvent déléguer moitié de leur salaire, les marins un tiers.

3º En cas de débarquement ou de désarmement à l'étranger, le consul doit munir chaque homme d'une *situation financière* signée par lui et le capitaine, indiquant les sommes qui lui sont remises ; la somme restant encore due lui sera remise à son arrivée à son quartier.

4º Si le navire ne peut revenir au port d'attache, le désarmement est effectué au bureau de l'Inscription Maritime du lieu du sinistre ; si le sinistre est arrivé à l'étranger, au bureau du port d'attache du navire.

Rapatriement

L'armateur doit rapatrier l'équipage, c'est-à-dire le ramener dans la patrie.

Cette règle s'explique par l'intérêt des marins, — par l'intérêt de la Marine marchande ; son recrutement serait plus difficile si les marins étaient exposés à être délaissés en pays étranger.

Pour l'intérêt de la marine de guerre il importe que les inscrits maritimes restent éloignés de leur patrie le moins longtemps possible et seulement pour les besoins du commerce.

Cette obligation ne soulève de difficultés que lorsque le marin quitte le navire en cours de campagne.

En principe, les frais de rapatriement incombent à l'armement, sauf s'il y a faute du marin.

L'homme débarqué malade a droit à être rapatrié (art. 262, Code de Commerce, modifié par la loi du 12 août 1885) aux frais de l'armement.

L'homme congédié à l'étranger, sans excuse valable, a droit aux frais de retour. S'il est congédié sur sa demande ou par sa faute, c'est lui-même qui supporte ces frais.

Les frais de rapatriement sont à la charge de l'Etat.

En pratique, les frais sont avancés par l'Etat et recouvrés sur l'armateur s'il y a lieu.

Obligations de l'équipage

L'équipage doit fournir ses services dans les conditions fixées au contrat, pendant toute la durée de l'engagement ; il doit ses services au navire lui-même et à la cargaison. La loi a réglementé le nombre d'heures de travail à bord et a pris dans ce but deux mesures essentielles : repos hebdomadaire, limitation des heures du travail, que nous n'avons pas à étudier et que nous ne faisons que signaler.

Risques professionnels

La question des risques professionnels est particulièrement délicate en ce qui concerne les gens de mer. Le métier maritime comporte tout d'abord des risques spéciaux et, d'autre part, la plupart des gens de mer sont sans fortune et n'ont que leur solde journalière pour vivre et faire vivre leur famille.

Aussi bien les marins ont de tout temps bénéficié d'un régime privilégié : des dispositions spéciales avaient été prises pour les victimes d'accident du travail, pour les marins âgés et invalides, dès le début du XIXe siècle. On sait, au contraire, que pour les travailleurs du commerce et de l'industrie, c'est la loi du 1er avril 1898 qui a réglementé les indemnités dues en cas d'accident du travail et la loi du 5 avril 1910 qui a institué les retraites.

Nous allons examiner la situation du marin en cas de maladie, blessure ou naufrage.

1° *En cas de maladie ou de blessure*

La situation du marin est alors réglée par les articles 262, 263 et 264 du Code de Commerce, qui stipulent que :

« *Art. 262* (L. 12 août 1885). — Le matelot est payé de ses loyers, traité
« et pansé aux frais du navire, s'il tombe malade pendant le voyage, ou s'il
« est blessé au service du navire.

« Si le matelot a dû être laissé à terre, il est rapatrié aux dépens du
« navire, toutefois le capitaine peut se libérer de tous frais de traitement ou
« de rapatriement en versant entre les mains de l'autorité française une
« somme à déterminer d'après un tarif qui sera arrêté par un règlement
« d'administration publique, lequel devra être revisé tous les trois ans.

« Les loyers du matelot laissé à terre lui sont payés jusqu'à ce qu'il ait
« contracté un engagement nouveau ou qu'il ait été rapatrié. S'il a été rapa-
« trié avant son rétablissement, il est payé de ses loyers jusqu'à ce qu'il soit
« rétabli. Toutefois, la période durant laquelle les loyers du matelot lui sont
« alloués ne pourra dépasser, en aucun cas, quatre mois à dater du jour où
« il a été laissé à terre. »

« *Art. 263.* (L. 12 août 1885.) — Le matelot est traité, pansé et rapatrié
« de la manière indiquée en l'article précédent, aux dépens du navire et du
« chargement, s'il est blessé en combattant contre les ennemis et les pirates. »

« *Art. 264.* — Si le matelot, sorti du navire sans autorisation, est blessé
« à terre, les frais de ses pansements et traitement sont à sa charge, il pourra
« même être congédié par le capitaine.

« Ses loyers, en ce cas, ne lui seront payés qu'à proportion du temps
« qu'il aura servi. »

Si la maladie ou la blessure est la conséquence d'une faute imputable à
l'armateur, celui-ci peut être condamné à des dommages-intérêts envers le
marin s'il y a eu faute personnelle, intentionnelle ou inexcusable de sa part.

2° *En cas de naufrage*

« En cas de prise, naufrage ou déclaration d'innavigabilité, les matelots
« engagés au voyage ou au mois sont payés de leurs loyers jusqu'au jour de
« la cessation de leurs services, à moins qu'il ne soit prouvé, soit que la
« perte du navire est le résultat de leur faute ou de leur négligence, soit
« qu'ils n'ont pas fait tout ce qui était en leur pouvoir pour sauver le navire,
« les passagers et les marchandises, ou pour recueillir les débris.

« Dans ce cas, il appartient aux tribunaux de statuer sur la suppression
« ou la réduction du loyer qu'ils ont encourue.

« Ils ne sont jamais tenus de rembourser ce qui leur a été avancé sur
leurs loyers.

« En cas de perte sans nouvelles, les héritiers ou représentants des
« matelots engagés au mois auront droit aux loyers échus jusqu'aux der-
« nières nouvelles et à un mois en sus. Dans le cas d'engagement au voyage,
« il sera dû à la succession des matelots moitié des loyers du voyage.

« Si l'engagement avait pour objet un voyage d'aller et retour, il sera
« payé un quart de l'engagement total si le navire a péri en allant ; trois-
« quarts s'il a péri dans le retour ; le tout sans préjudice des conventions
« contraires.

« Dans tous les cas, le rapatriement des gens de l'équipage est à la charge
« de l'armement, mais seulement jusqu'à concurrence de la valeur du navire
« ou de ses débris, et du montant du fret des marchandises sauvées, sans
« préjudice du droit de préférence qui appartient à l'équipage pour le
« paiement de ses loyers. »

Fin de l'engagement de l'équipage

L'engagement de l'équipage prend fin, d'une façon normale, à l'expiration
du délai pour lequel il avait été conclu ; il prend fin, d'une façon anormale,
par la volonté de l'armateur, des matelots, ou par force majeure.

1° *Par la volonté de l'armateur*

A) L'armateur peut rompre le voyage ; B) le capitaine peut congédier
l'équipage.

A) Si le voyage est rompu par le fait des propriétaires, capitaine ou
affréteurs, avant le départ du navire, les matelots loués au voyage ou au
mois sont payés des journées qu'ils ont employées à l'équipement du navire.
Ils conservent, à titre d'indemnités, les avances qu'ils ont reçues.

Si les avances ne sont pas encore payées, ils reçoivent comme indemnité
un mois de leurs gages convenus.

Si la rupture arrive après le voyage commencé, les matelots loués au
voyage sont payés en entier aux termes de leur convention.

Les matelots loués au mois reçoivent leurs loyers stipulés pour le temps
qu'ils ont servi, et, en outre, pour indemnité, la moitié de leurs gages pour
le reste de la durée présumée du voyage pour lequel ils étaient engagés.

Les matelots loués au voyage ou au mois, reçoivent, en outre, leur
conduite de retour jusqu'au lieu de départ du navire, à moins que le capitaine, les propriétaires ou affréteurs, ne leur procurent leur embarquement
sur un autre navire revenant au dit lieu de leur départ. (Code de Commerce,
art. 252.)

Si les matelots sont engagés au profit ou au fret, et si la rupture du
voyage arrive par le fait du capitaine ou des propriétaires, ceux-ci « sont
« tenus des indemnités dues aux gens de l'équipage. »

« Si la rupture, le retardement ou la prolongation arrivent par le fait
« des chargeurs, les gens de l'équipage ont part aux indemnités qui sont
« adjugées au navire. » (Art. 257.)

B) *Congédiement.* — Le capitaine peut toujours congédier un matelot ;
mais s'il le fait sans cause légitime, le capitaine lui doit une indemnité. Il
faut pour cela que le rôle d'équipage ait été clos : jusqu'à ce moment le
matelot peut être renvoyé sans indemnité.

Lorsqu'il y a lieu à indemnité, celle-ci est fixée au tiers des loyers, si le
congé a lieu avant le voyage commencé et à la totalité des loyers et aux frais
de retour, si le congé a lieu pendant le cours du voyage.

Le capitaine ne peut, dans aucun des cas ci-dessus, répéter le montant
de ou des indemnités contre les propriétaires du navire.

Dans aucun cas le propriétaire ne peut congédier un matelot dans les
pays étrangers.

2° *Par la volonté des matelots.*

Le contrat d'engagement des gens de mer ne peut être résilié par
ceux-ci qu'avec l'assentiment de l'armateur ou du capitaine, à la condition
toutefois que l'Administrateur de l'Inscription Maritime ou le consul n'y
soient pas opposés. Il peut être résilié également par une décision judiciaire.

Un matelot qui résilierait son contrat sans motif légitime et sans congé
régulier n'aurait droit à ses loyers que pour le temps où il aurait servi : il
pourrait, d'autre part, être poursuivi pour désertion et être condamné à des
dommages-intérêts envers l'armateur, si celui-ci en réclamait.

Remarquons que la cessation concertée du travail, ou grève, a été
considérée comme licite ; mais en raison des inconvénients très graves
qu'elle entraîne, la loi du 22 juillet 1909 a pris diverses mesures destinées à
la prévenir ; elle a institué un Conseil permanent d'arbitrage, qui devra être
saisi sans délai des différends d'ordre collectif entre les services de transports
et leurs équipages.

Ce Conseil comprend trois membres nommés par décret, cinq arbitres
élus par les employeurs armateurs et cinq élus par les employés (officiers,
personnel du pont, des machines, agents et femmes du service général).

3° *Par force majeure.*

Nous avons déjà parlé de la rupture du contrat par suite de naufrage,
blessures ou maladies.

Nous parlerons ici de la rupture du contrat d'engagement des gens de
mer par suite d'interdiction de commerce, arrêt de puissance ; mort du
matelot.

4

A) *Interdiction de commerce et arrêt de puissance.* — « S'il y a
" interdiction de commerce avec le lieu de la destination du navire, ou si le
" navire est arrêté par ordre du Gouvernement avant le voyage commencé,
" il n'est dû au matelot que les journées employées à équiper le bâtiment.
(Code de C., art. 253.)

« Si l'interdiction de commerce ou l'arrêt du navire arrivent pendant le
" cours du voyage :

« Dans le cas d'interdiction, les matelots sont payés à proportion du
« temps qu'ils auront servi ;

" Dans le cas de l'arrêt, le loyer des matelots engagés au mois court
" pour moitié pendant le temps de l'arrêt.

" Le loyer des matelots engagés au voyage est payé au terme de leur
" engagement. » (Art. 254.)

B) *Mort du matelot.* — En cas de mort d'un matelot au cours d'un
voyage, sa succession n'a droit qu'aux loyers jusqu'au jour de son décès, si
ce matelot était engagé au mois.

Si le matelot était engagé au voyage, au profit ou au fret et pour un
voyage d'aller seulement, le total de ses loyers ou de sa part est dû, s'il est
mort une fois le voyage commencé ; si l'engagement avait pour objet un
voyage aller et retour, la succession a droit à la moitié des loyers et de la
part du matelot si celui-ci est mort en allant au port d'arrivée : à la totalité,
s'il est mort en revenant.

Pour les opérations de la grande pêche, la moitié des loyers ou de la
part est due si le matelot est mort pendant la première moitié de la campagne ; la totalité s'il est mort pendant la seconde moitié.

Les loyers du matelot tué en défendant le navire sont dus en totalité
pour tout le voyage si le navire est arrivé à bon port, et, en cas de prise,
naufrage ou déclaration d'innavigabilité, jusqu'au jour de la cessation des
services de l'équipage.

Prescription

Les loyers des gens de mer se prescrivent un an après le désarmement.

Garantie des loyers

Par une faveur accordée aux gens de mer, leurs loyers sont incessibles
et insaisissables (sauf pour dettes d'aliments ou dettes de loyer, d'habillement,
et de nourriture).

De plus, les articles 191 et 271 du Code de Commerce accordent a l'équipage un privilège pour le paiement des salaires et accessoires de salaires (frais de maladie, de rapatriement, indemnité de congédiement, etc.) acquis au cours du dernier voyage et constaté par le rôle d'équipage. Ce privilège spécial porte sur le navire et sur le fret brut réel du dernier voyage à condition que le navire appartienne encore au même propriétaire, ou, s'il a été vendu, qu'il n'ait pas encore pris la mer pour le compte de l'acquéreur. (Code de Commerce, art. 193 et suivants.) Ce privilège ne vient d'ailleurs qu'en sixième rang, étant primé par les frais de justice, les droits de pilotage, remorquage, cale, etc., les frais de garde du bâtiment, d'emmagasinage des agrès et apparaux, les dépenses d'entretien du navire et de son matériel d'armement. (Code de Commerce, art. 191.)

Le privilège pour le paiement des salaires s'étend, bien entendu, au montant de l'indemnité due par les assureurs à l'armateur en cas de perte du navire. Pour exercer ce privilège les gens de mer devront faire une saisie-arrêt entre les mains des assureurs avant le paiement de la dite indemnité.

CHAPITRE VI

Affrètement. — Connaissement. — Fret.

Définition. — Des divers modes d'affrètement.

L'affrètement ou nolisement est une convention par laquelle le propriétaire, l'armateur ou en leur absence, le capitaine, leur représentant, met son navire à la disposition d'une personne nommée affréteur ou chargeur pour servir à un transport. Celui-ci peut d'ailleurs sous-fréter à un tiers, sauf convention contraire. Le fret est le prix de cette location.

L'affrètement peut donc avoir différents aspects ; le propriétaire peut mettre le navire seul (ou encore le navire et l'équipage et l'armement) à la disposition d'une personne qui l'exploite : ou bien, ce qui est le cas le plus fréquent, il l'exploite lui-même en se chargeant de transporter les marchandises qu'on lui confie ; il y a ici un simple contrat de transport.

L'affrètement peut être total ou partiel ; dans ce dernier cas, c'est un contrat de transport ; il peut être fait (art. 286, Code de Commerce) :

1° Au voyage : le prix reste invariable, quelle que soit la durée du trajet ;

2° Pour un temps limité ;

3° A la durée, c'est-à-dire que le prix est fixé pour chaque mois, chaque quinzaine, chaque journée jusqu'à la fin des voyages.

Le contrat pour transport de marchandises peut être fait :

1° A forfait quand on traite pour le transport d'une quantité donnée de marchandises, quels que soient son poids, son volume et la durée du voyage ;

2° Au volume ou au poids, au quintal, au mètre cube, au tonneau. Le tonneau d'affrètement représente en principe 1.000 kilogs : toutefois le décret du 26 août 1861, complété par celui du 18 juillet 1916 a déterminé la composition du tonneau d'affrètement pour les diverses marchandises, de façon à tenir compte à la fois de leur poids et de leur volume ;

3° A la cueillette : en ce cas, l'armateur se réserve le droit de rompre le contrat s'il ne parvient pas à compléter son chargement.

Conditions et forme du contrat

Comme tous les contrats, il exige quatre éléments : consentement : objet ; capacité ; cause.

De plus, toute convention pour le louage d'un vaisseau doit être constatée par un écrit. Celui-ci prend le nom de charte partie. En pratique, on n'a recours à une charte partie qu'en cas d'affrètement total ; pour les affrètements partiels, le louage peut être simplement constaté par le connaissement (Code de Commerce, art. 286) ou même par une inscription sur le livre de bord.

Cette charte partie indique notamment : les noms et domicile de chaque partie, du capitaine — le nom et le tonnage du navire, le lieu et le temps convenus pour le chargement (staries) — ainsi que pour le déchargement — l'indemnité due en cas de retard dans l'une ou l'autre opération (surestaries) — le prix du fret.

En outre, le contrat stipule souvent une gratification à la charge de l'affréteur, ou chapeau, payée autrefois au capitaine et qui de nos jours revient à l'armateur.

Connaissement

Les marchandises reçues par le capitaine doivent faire l'objet d'un connaissement ou reconnaissance (art. 222, Code de Commerce). Aux termes de l'article 281, Code de Commerce, le connaissement doit indiquer :

1° Le nom du chargeur, le nom et l'adresse du destinataire ou du consignataire, le nom et le domicile du capitaine ;

2° Le nom et le tonnage du navire ;

3° La nature, la quantité, la qualité des marchandises, les marques et les numéros des objets à transporter ;

4° Le lieu de départ et de destination :

5° Le montant du fret.

Il indique aussi la date et quelquefois le délai de transport, l'indemnité due en cas de retard, perte ou avarie. (Loi du 30 mars 1872, art. 3 à 6.)

Il doit être fait au moins en quatre originaux, un pour le chargeur, un pour le destinataire, un pour le capitaine, un pour l'armateur. Il est signé par le chargeur et par le capitaine dans les vingt-quatre heures qui suivent le chargement (Code de Commerce, art. 282). Le nombre des exemplaires originaux doit être indiqué dans l'acte.

En cas de diversité entre les connaissements d'un même chargement, celui qui est entre les mains du capitaine fait foi, s'il est rempli de la main du chargeur; de même, celui qui est entre les mains du chargeur fait foi, s'il est rempli de la main du capitaine. (Code de Commerce, art. 284.)

Le connaissement sert au destinataire à obtenir la livraison de la marchandise ; il peut être au porteur, à ordre ou à personne dénommée.

Le connaissement au porteur est transmissible par simple remise du titre. Le connaissement à ordre permet au chargeur de transférer la propriété par endossement ; rappelons que l'endossement, pour être régulier, doit notamment mentionner la valeur fournie.

Le connaissement contenant la mention à ordre ou aux ayants-droit, sans indiquer le nom ou l'adresse du destinataire, a le caractère d'un connaissement au porteur.

Aux termes de l'article 283 du Code de Commerce, le connaissement rédigé en la forme ci-dessus indiquée, fait foi de son contenu entre toutes les parties intéressées au chargement et entre elles et les assureurs ; toutefois, cet article ne fait pas obstacle à ce que les tiers et notamment les assureurs établissent la fausseté du contenu du connaissement par des preuves positives ou encore par des présomptions résultant de circonstances graves.

Enfin signalons que si des marchandises sont mises à bord sans un contrat, le capitaine peut les faire débarquer au port de chargement aux frais du chargeur, sinon il peut exiger le plus haut prix de fret payé dans le même lieu pour des marchandises de même nature. (Code de Commerce, art. 292.)

Obligations du fréteur

De façon générale, l'affréteur ou le capitaine, son mandataire, doit livrer le navire convenu en état de service, et en assurer la jouissance à l'affréteur pendant le temps convenu et de la manière convenue.

Examinons en détail ces obligations :

Au départ, il doit livrer le navire convenu ; il faut notamment : que le navire ait le tonnage indiqué (Code de Commerce, art. 290), une tolérance d'un quarantième est admise ; qu'il soit pourvu de son capitaine ou de son équipage ; qu'il soit en bon état de navigabilité. Des dommages seront dus à l'affréteur si celui-ci prouve qu'au départ le navire était hors d'état de naviguer ; la Cour de Cassation a jugé que l'affréteur est en outre affranchi du paiement de tout fret lorsque par suite du mauvais état du navire au moment du départ il y a eu nécessité de relâche pour réparer les avaries.

Le fréteur doit recevoir les marchandises en quantité et de qualité conformes à celles prévues au contrat ; la livraison est faite en général à quai, sous palan, les risques d'embarquement étant supportés par le fréteur.

Les marchandises ne peuvent être chargées sur le tillac sans le consentement écrit du chargeur, sauf dans la navigation au petit cabotage. (Code de Commerce, art. 229.) Cette interdiction se justifie dans l'intérêt des marchandises et pour la sécurité du navire.

Obligations du capitaine

1° Le capitaine doit délivrer un connaissement des marchandises reçues ; il doit surveiller l'arrimage ; la loi du 20 décembre 1892 et le décret du 1er décembre 1893 en ont posé les règles ; le capitaine est responsable de l'arrimage ;

2° Le capitaine doit transporter les marchandises dans le délai convenu et les livrer en bon état au port de destination.

1° *Transport*

Il doit suivre la voie directe et pourvoir au remplacement en cas d'innavigabilité.

Il est tenu de dommages-intérêts envers l'affréteur si par son fait le navire a été arrêté ou retardé pendant sa route.

Le capitaine n'est délié de son obligation qu'en cas de force majeure rendant impossible l'achèvement de l'opération ; c'est ainsi que si le navire a besoin d'être radoubé en cours de voyage, il doit faire les réparations ; si celles-ci ne peuvent être effectuées, le capitaine doit en louer un autre pour achever le voyage (art. 296) ; il ne serait délié de ses obligations que s'il y avait impossibilité absolue de trouver un autre navire ou si l'affréteur refusait le navire offert.

2° *Livraison*

Si aucune réserve n'est inscrite sur le connaissement, les marchandises sont présumées en bon état. Le capitaine est tenu de dommages-intérêts si elles sont perdues ou avariées par sa faute.

Il n'est exonéré de cette responsabilité qu'en cas de force majeure — en cas de vice propre de la chose — et s'il a stipulé des clauses spéciales dans le connaissement.

Le cas de force majeure est un événement qu'on ne peut prévoir ni empêcher : tempête, incendie, naufrage, etc. L'article 230 prévoit dans ce cas l'irresponsabilité du capitaine.

Il y a vice propre quand la perte ou la détérioration proviennent de la nature même de la marchandise ou d'une défectuosité de l'emballage ; le capitaine doit fournir la preuve du vice propre.

Enfin, diverses clauses d'exonération sont insérées dans les connaissements. La loi du 17 mars 1905 qui a déclaré nulle la clause de non responsabilité dans les contrats de transports, ne s'applique pas aux transports maritimes ; la clause d'exonération, en effet, reste admise à l'étranger et on ne peut mettre notre marine marchande en état d'infériorité à l'égard des marines rivales.

Citons notamment la clause « que dit être », d'après laquelle les énonciations du connaissement qui ne peuvent être facilement vérifiées (qualité, espèce des marchandises), doivent être prouvées par le chargeur en cas de contestation.

De même, les clauses franc de bris, de coulage, de détérioration ont pour effet de laisser au réclamant le fardeau de la preuve de la faute commise par le capitaine. Le connaissement peut encore stipuler l'irresponsabilité de ce dernier, pour les fautes du capitaine et des gens de l'équipage. Enfin, souvent les connaissements prévoient l'irresponsabilité du capitaine et de l'armateur pour leurs propres fautes ; cette clause n'est valable que pour les fautes non intentionnelles : quant aux fautes lourdes et au dol, ils ne peuvent, en aucun cas, être couverts par la clause d'irresponsabilité.

Enfin, une série de clauses « d'usage » (insérée dans la plupart des connaissements· sont relatives à la constatation de l'arrimage, le débarquement, la vérification des colis à l'arrivée, etc.

Le capitaine doit délivrer la marchandise dans le port de destination, au porteur régulier du connaissement (ce sera le porteur, la personne dénommée ou le bénéficiaire du dernier endossement).

Si le destinataire refuse les marchandises, le capitaine peut par autorité de justice en faire vendre la quantité nécessaire pour le paiement de son fret, et faire ordonner le dépôt du surplus. (Art. 305 du Code de Commerce.)

En cas de non paiement de son fret, il ne peut retenir les marchandises, mais seulement demander leur remise entre les mains de tiers (art. 306 du Code de Commerce) jusqu'au paiement, par requête, ou si le destinataire lui est connu, par assignation.

Le commissionnaire est tenu de donner reçu des marchandises au capitaine (art. 285) : celui-ci doit également se faire remettre l'exemplaire du connaissement qui est entre les mains du destinataire.

Obligations de l'affréteur

Il doit charger et décharger les quantités convenues dans le délai convenu et acquitter le fret :

1" Il doit remettre les marchandises stipulées à la charte partie ; sinon il est néanmoins tenu du fret tout entier ; mais en ce cas, si le capitaine peut trouver un supplément de chargement, la somme due par l'affréteur sera réduite d'autant ; il peut par contre charger davantage avec le consentement du fréteur auquel il doit un supplément de fret. Cependant l'affréteur peut rompre le voyage avant le départ sans avoir rien chargé : il doit alors comme indemnité payer le demi-fret ; s'il rompt le marché après avoir chargé le navire, il doit supporter le déchargement ainsi que la manutention des autres marchandises et les frais de retard ; il doit en outre le fret entier (Code de Commerce, art. 288) et le demi-fret seulement dans l'affrètement à cueillette, au tonneau, au quintal ou à forfait (art. 291) ;

2° D'autre part, l'affréteur doit charger ou décharger dans les délais qui ont été convenus ou sinon d'après les conventions qui sont déterminées par l'usage des lieux (Code de Commerce, art. 274). On appelle ces délais « staries » ou « jours de planches ». Des **surestaries** (ou indemnités dues pour les jours de retard) sont dues à l'expiration de ces délais si l'opération n'est pas terminée. Toutefois aucune surestarie n'est due pour les cas de force majeure ; ceux-ci sont souvent précisés dans la charte.

Signalons enfin que si, avant le départ, il survient une interdiction de commerce avec le pays de destination, ou si le navire est séquestré, réquisitionné, le contrat est résilié, sans dommages et intérêts de part ni d'autre (Code de Commerce, art. 276) ;

L'affréteur doit en outre payer le fret.

Fret

Le fret est le prix du service rendu ; il doit être payé par l'affréteur ou le consignataire, au fréteur ou au capitaine, son représentant, à la *livraison des marchandises* (donc au port de destination).

Le fret ne sera donc pas dû si les marchandises ont été perdues par naufrage ou par échouement ou ont été prises ou pillées (art. 302) ni pour celles qui ont du être débarquées par suite du mauvais état du navire au départ (art. 297).

Un certain nombre de cas particuliers ont fait l'objet de dispositions spéciales du Code.

Le fret reste dû en entier même s'il n'y a pas livraison de marchandises, quand ce fait provient de la faute de l'affréteur ou quand celui-ci a reçu la valeur des marchandises non livrées.

Il en est ainsi : si le navire ayant été frété pour l'aller et retour revient sans chargement ou avec un chargement incomplet (Code de Commerce, art. 294) ; si le chargeur retire ses marchandises pendant le voyage, à condition que le déchargement ne soit pas provoqué par une faute du capitaine. — si les marchandises sont vendues par le capitaine pour subvenir aux nécessités pressantes du navire ou jetées à la mer pour le bien commun (Code de Commerce, art. 298 et 301); si l'affréteur décharge ses marchandises malgré l'opposition des autres chargeurs, pour éviter qu'elles ne soient vendues pour subvenir à des dépenses imprévues et urgentes. (Art. 234.)

Le fret est réduit dans les cas suivants :

1° Si le navire affrété pour l'aller et le retour est obligé, par suite d'une interdiction de commerce, de revenir avec son chargement, le fret seul d'aller est dû : 2° si l'affréteur unique ou tous les affréteurs déchargent leurs marchandises, afin d'éviter qu'elles ne soient vendues pour les besoins du navire, le fret est dû pour la partie du voyage effectuée seulement.

Par contre, le fret est augmenté en cas de naufrage ou d'innavigabilité lorsque le capitaine a dû payer un fret supérieur pour sauver les marchandises (Code de Commerce, art. 393) ou encore si le navire est arrêté au départ, pendant sa route, ou à l'arrivée, par le fait de l'affréteur.

Enfin, si au cours du voyage un cas de force majeure retarde le navire ou si le navire est arrêté par ordre d'une puissance, aucun fret ni aucun dommage-intérêt n'est dû pendant cette période. (Code de Commerce, art. 277 et 300.)

Le cours moyen du fret, qui est très variable, est constaté par les courtiers.

Résiliation

Le contrat d'affrètement peut tout d'abord être résilié comme toute convention, par le consentement mutuel des parties, par voie judiciaire, sur la demande de l'une d'elles et à raison de l'inexécution par l'autre de ses engagements.

D'autre part, le Code de Commerce prévoit un certain nombre de cas de résiliation : l'affréteur peut, nous l'avons vu, rompre le contrat en payant le demi-fret avant que le chargement soit commencé ou même jusqu'au départ pour l'affrètement à cueillette. Ce demi-fret constitue en réalité une indemnité. (Code de Commerce, art. 291.) Le contrat est résilié de plein droit quand un cas de force majeure empêche son exécution, notamment en cas d'interdiction de commerce, prise par l'ennemi. (Art. 302.)

Privilèges

Le Code Civil (art. 2102) reconnaît au voiturier un privilège sur la chose transportée pour frais de voiture et dépenses accessoires : ce privilège repose sur l'idée de gage tacite : l'expéditeur est supposé avoir affecté les marchandises en gage entre les mains du voiturier pour garantir le paiement du transport.

En cas de transport par mer, le Code de Commerce reconnaît à l'une et l'autre partie un privilège pour les obligations découlant du contrat ou les dommages et intérêts qui peuvent lui être dus.

Sont garantis pour les affréteurs :

Les dommages-intérêts qui leur sont dus pour défaut de délivrance des marchandises qu'ils ont chargées, ou pour remboursement des avaries souffertes par la faute du capitaine ou de l'équipage. Il porte sur le navire, ses agrès et apparaux et sur le fret dû par les autres affréteurs.

Par contre et par analogie avec le voiturier, l'armateur a un privilège sur les marchandises pour le paiement du fret et de ses accessoires, surestaries, droits de douane (art. 307, Code de Commerce) ; il peut l'exercer pendant quinze jours après la délivrance pourvu qu'elles n'aient pas été remises à un tiers (acheteur, créancier, gagiste, etc.), et même en cas de faillite du chargeur.

Enfin l'équipage a, aux termes de l'article 191, un privilège sur le navire et le fret pour son salaire pendant le dernier voyage. Ce privilège ne porte pas sur les marchandises, mais les matelots peuvent, pour la conservation du fret qui est leur gage, exercer sur les marchandises le privilège qui est accordé à l'armement, pendant les quinze jours de la délivrance.

Prescription

Enfin, aux termes de l'article 433, Code de Commerce, toutes les actions résultant du contrat d'affrètement sont prescrites par un an ; cela signifie que passé ce délai, les parties ne sont pas admises à faire valoir leurs droits en justice ; cette règle s'explique par les difficultés que soulèverait, en pratique, la preuve des réclamations après un délai plus long.

D'autre part, l'action en dommages-intérêts que l'affréteur peut exercer contre l'armateur pour avaries n'est pas recevable, s'il ne proteste pas au moment de la réception de la marchandise et s'il n'a pas introduit sa demande en justice dans le mois. (Art. 435, Code de Commerce.)

CHAPITRE VII

Du contrat de prêt à la grosse et des assurances maritimes

A. — Contrat de prêt à la grosse

Définition

Le prêt à la grosse est une convention par laquelle une personne prête une somme d'argent à une autre sur un objet déterminé soumis à des risques de mer. Cette somme sera remboursée avec un profit si l'objet sur lequel il a été prêté arrive à bon port ; en cas d'avarie, le remboursement ne pourra excéder la valeur de ce qui reste ; en cas de perte par cas fortuit, la somme sera perdue.

Le remboursement de la somme a donc un caractère tout à fait aléatoire ; c'est de là que vient le nom même du contrat (prêt à la *grosse aventure*). Le profit est en général assez élevé ; il est nommé profit maritime ou nautique.

Caractère juridique

Le contrat de prêt à la grosse est tout d'abord un contrat *unilatéral,* car il ne crée d'obligations qu'à la charge de l'emprunteur : c'est ensuite un contrat *à titre onéreux,* puisqu'il procure un avantage à chacune des deux parties : c'est enfin un contrat *aléatoire.*

Différences entre le prêt à la grosse et l'assurance.

Dans l'assurance, l'assureur s'engage, moyennant le paiement d'une légère prime, à indemniser l'assuré des dommages subis par son navire par suite des risques de mer : il n'est donc tenu de verser la somme convenue que si le dommage se produit. Le prêteur à la grosse, au contraire, verse, dès la conclusion du contrat, la somme toute entière, objet du prêt.

D'autre part, la somme représentant le montant de la prime d'assurance est due, quel que soit le résultat du voyage ; au contraire, dans le prêt à la grosse, le profit maritime n'est versé qu'en cas d'heureuse arrivée.

Sur quoi le prêt à la grosse peut-il être fait ?

Le prêt à la grosse peut être fait : sur le navire et ses accessoires, sur l'armement et ses victuailles, sur le fret, sur le chargement, sur le profit espéré du chargement, sur la totalité de ces objets conjointement ou sur une partie déterminée de chacun d'eux. (Code de C., art. 315. Loi 12 août 1885.)

Le prêt à la grosse ne peut, en aucun cas, être une source de bénéfices pour l'emprunteur ; il ne peut donc emprunter une somme supérieure à la valeur des choses données en gage. En vertu de l'article 316 du Code de Commerce, « tout emprunt fait pour une somme excédant la somme des « objets sur lesquels il est affecté, peut être déclaré nul, à la demande du « prêteur, s'il est prouvé qu'il y a fraude de la part de l'emprunteur.

« S'il n'y a fraude, le contrat est valable jusqu'à concurrence de la valeur « des effets affectés à l'emprunt, d'après l'estimation qui en est faite ou « convenue.

« Le surplus de la somme empruntée est remboursé avec intérêt au « cours de la place. » (Code de Commerce, art. 317.)

Nul prêt à la grosse ne peut être fait aux gens de mer sur leurs loyers.

Comment le contrat de prêt à la grosse est-il constaté ?

Le contrat de prêt à la grosse est fait devant notaire ou devant un chancelier de consulat, ou sous signatures privées. Il énonce (art. 311 du Code de Commerce) :

a) Le capital prêté et la somme convenue pour le profit maritime ;
b) Les objets sur lesquels le prêt est affecté ;
c) Les noms du navire et du capitaine ;
d) Ceux du prêteur et de l'emprunteur ;
e) Si le prêt a lieu pour un voyage ;
f) Pour quel voyage et pour quel temps ;
g) L'époque du remboursement.

Des différentes sortes de prêt à la grosse

Le prêt à la grosse peut être pratiqué sous deux formes :

1° **Au départ,** lorsque le propriétaire emprunte pour pouvoir armer son navire ou lorsque le chargeur emprunte pour constituer sa cargaison.

2° **En cours de route,** lorsque le capitaine emprunte sur le navire ou sur la cargaison pour se procurer les sommes dont il a besoin pour continuer son voyage. Dans la pratique les prêts à la grosse deviennent de plus en rares. Le prêt au départ notamment a cessé d'être appliqué depuis que la loi du 10 décembre 1874, article 27, a abrogé les dispositions de l'article 191 du Code de Commerce, qui attribuaient un privilège au prêteur à la grosse avant le départ ; l'assurance et l'hypothèque maritime présentent en pratique plus d'avantages.

D'autre part, les facilités des communications télégraphiques qui permettent d'ouvrir aux capitaines des crédits sur les maisons de banque, rendent très rare le prêt en cours de voyage.

Le prêt à la grosse peut-il se combiner avec l'assurance ?

Il est à craindre ici que le propriétaire ne contracte à la fois un emprunt à la grosse et une assurance sur les mêmes marchandises de façon à acquérir un double avantage en cas de perte de la chose. Cela n'est pas possible.

Toutefois le propriétaire peut assurer une partie du navire ou de la cargaison et emprunter sur le reste. Inversement, en cours de route, on admet que le capitaine peut emprunter sur des objets qui ont déjà été assurés au départ : cette règle est dictée par l'intérêt des navigateurs et celui de l'assureur lui-même. Le prêt en cours de route contribue, en effet, à la bonne arrivée du navire et des marchandises.

De même, il peut être contracté plusieurs prêts à la grosse sur le même navire ou la même cargaison, à condition que le montant total des sommes prêtées ne dépasse pas la valeur des choses assurées.

Durée des risques

Si le temps des risques n'est point déterminé par le contrat, il court, à l'égard du navire, des agrès, des apparaux, armement et victuailles, du jour que le navire a fait voile, jusqu'au jour où il est ancré ou amarré au port ou lieu de sa destination. A l'égard des marchandises, le temps des risques court du jour qu'elles ont été chargées dans le navire ou dans les gabarres pour les y porter, jusqu'au jour où elles sont délivrées à terre. (Code de Commerce, art. 328.)

Effets du prêt à la grosse

Divers cas sont à envisager :

1° Si le navire arrive heureusement, le contrat produit tous ses effets :

le prêteur a droit au remboursement de la somme et du profit ; toutefois, en cas de prêt sur le navire, le propriétaire peut se dégager en en faisant abandon.

2° Si les effets sur lesquels le prêt à la grosse a eu lieu sont perdus en totalité, et que la perte soit arrivée par cas fortuit, dans le temps et dans le lieu des risques, la somme prêtée ne peut être réclamée (C. de C., art. 325). Des déchets, diminution et pertes qui arrivent par le vice propre de la chose, et les dommages causés par le fait de l'emprunteur, ne sont point à la charge du prêteur. (Art. 326.)

3° En cas de naufrage, le payement des sommes empruntées à la grosse est réduit à la valeur des effets sauvés et affectés au contrat, déduction faite des frais de sauvetage. (Art. 327.)

Mais alors des conflits d'intérêt se produisent s'il y a plusieurs prêteurs. Ces conflits sont réglés de la façon suivante :

Lorsque tous les prêts ont été consentis avant le départ, ils viennent en concours, c'est-à-dire qu'ils subissent une réduction proportionnelle. L'assureur vient également en concours avec les prêteurs.

Lorsqu'un ou plusieurs prêts ont été contractés en cours de route, on considère qu'ils ont bénéficié à tous les prêteurs précédents, en contribuant à leur arrivée de la chose ; c'est donc le dernier prêteur qui est désintéressé le premier, puis l'avant-dernier, etc. (C. de C., art. 323.)

4° En cas d'avarie, le prêteur conserve son droit, mais il doit contribuer aux avaries grosses ou supporter les avaries particulières qui atteignent l'objet affecté en gage ; cette contribution s'établit dans la proportion de la somme prêtée à la valeur de l'objet affecté.

Du privilège du prêteur à la grosse

En vertu de l'article 320 du Code de Commerce, le navire, les agrès et les apparaux, l'armement et les victuailles, même le fret acquis, sont affectés par privilège au capital et intérêts de l'argent donné à la grosse sur le corps et quille du vaisseau.

Le chargement est également affecté au capital et intérêts de l'argent donné à la grosse sur le chargement.

Si l'emprunt a été fait sur un objet particulier du navire ou du chargement, le privilège n'a lieu que sur l'objet, et dans la proportion de la quotité affectée à l'emprunt.

Il y a lieu de noter, d'autre part, qu'un emprunt à la grosse fait par le capitaine dans le lieu de la demeure des propriétaires du navire, sans leur autorisation authentique ou leur intervention dans l'acte, ne donne action et privilège que sur la portion que le capitaine peut avoir au navire et au fret. (Art. 321.)

CHAPITRE VIII

Des Assurances maritimes

Définition

L'assurance maritime est un contrat par lequel une personne, ou plus souvent une Compagnie, appelée **assureur,** s'engage, en retour du paiement d'une prime, à indemniser une autre personne, appelée **assuré,** des dommages que pourraient subir le navire et les choses exposés par elle aux risques de mer.

Toute assurance repose donc sur un contrat ; c'est un contrat synallagmatique (qui comporte des obligations à la charge des deux parties).

Au point de vue social, l'assurance nous apparaît comme basée sur la notion de solidarité, de mutualité ; on peut concevoir l'ensemble des propriétaires assurés à une Compagnie, comme formant une sorte de groupement mutuel, chacun versant de petites sommes, dont le total servira à désintéresser celui d'entre eux qui aura été atteint par le sinistre. En fait, d'ailleurs, il existe des Sociétés d'assurances mutuelles fonctionnant exactement d'après ces principes : les Compagnies d'assurances, au contraire, agissent dans un but intéressé et perçoivent en même temps que la prime nécessaire pour assurer les risques, une somme destinée à rémunérer les capitaux engagés et réaliser des bénéfices.

Mais quelle que soit la forme et le but de la Société qui assure, l'objet du contrat reste le même pour l'assuré. Il a pour but de l'indemniser en cas de sinistre, de le dédommager du préjudice subi ; mais il ne peut avoir, *en aucun cas,* pour effet de lui faire réaliser un gain. C'est là le caractère essentiel de l'assurance en cas d'accident, dont nous trouverons de nombreuses conséquences.

Le Code de Commerce a posé les règles générales applicables aux assurances : ces règles sont précisées dans la police spéciale à chaque cas.

Objet de l'assurance

Appliquée à la navigation, l'assurance peut avoir pour objet de garantir le navire et ses accessoires (elle est dite alors **assurance sur corps** ou les marchandises (elle est dite alors **assurances sur facultés**).

Le Code de Commerce concevait l'assurance comme destinée à indemniser l'assuré des pertes réellement subies, mais non du « manque à gagner ».

La loi du 12 août 1885 qui a modifié l'article 334 du Code de Commerce a étendu cette notion. Elle stipule, en effet, que peuvent être assurés : le navire et ses accessoires, les frais d'armement, les victuailles, les loyers des gens de mer, le fret net, les sommes prêtées à la grosse et le profit maritime, les marchandises chargées à bord et **le profit espéré** de ces marchandises, le coût de l'assurance et généralement toutes choses estimables à prix d'argent sujettes aux risques de la navigation.

Toute assurance cumulative est interdite.

Dans tous les cas d'assurances cumulatives, s'il y a eu dol ou fraude de la part de l'assuré, l'assurance est nulle à l'égard de l'assuré seulement ; s'il n'y a eu ni dol ni fraude, l'assurance sera réduite de toute la valeur de l'objet assuré deux fois. S'il y a eu deux ou plusieurs assurances successives, la réduction portera sur la plus récente.

L'assurance peut être faite sur le tout ou sur une partie des objets mentionnés plus haut, conjointement ou séparément.

Elle peut être faite en temps de paix ou en temps de guerre, avant ou pendant le voyage du navire.

Elle peut être faite pour l'aller et le retour, ou seulement pour l'un des deux, pour le voyage entier ou pour un temps limité.

Pour tous voyages et transports par mer, rivières et canaux navigables. (Code de Commerce, art. 336.)

Risque

Le risque est l'événement futur et incertain dont l'arrivée provoquera le paiement de l'indemnité d'assurance. En cas d'assurance maritime, le risque commence, sauf stipulation contraire dans la police d'assurance, lorsque le navire est en mer ; il cesse dès que le navire est arrivé ou a disparu. L'assurance sera donc nulle si l'un des deux contractants a connu l'arrivée ou la disparition du navire.

Indemnité

L'indemnité, comme nous l'avons vu, ne peut en aucun cas, surpasser la valeur de la chose assurée : si une chose a été assurée pour une somme supérieure à sa valeur, le contrat sera réduit, ou même annulé, s'il y a eu dol ou fraude.

Forme du contrat

Le contrat d'assurance, appelé **police d'assurance,** doit être rédigé par écrit. Il peut être soit sous seing privé, soit authentique. Dans le premier cas, il doit être établi en double exemplaire, l'un pour l'assureur, l'autre pour l'assuré. Dans le second cas, il doit être rédigé soit par un notaire, soit par un courtier d'assurance. Si la police est établie par un courtier, elle n'a pas besoin d'être signée par l'assuré.

Contenu de la police d'assurance

La police d'assurance doit mentionner la date du jour à laquelle elle a été souscrite : si c'est avant ou après midi, — le nom et le domicile de l'assuré, sa qualité de propriétaire ou de commissionnaire, — le nom et la désignation du navire, — le nom du capitaine, — le lieu où les marchandises ont été ou doivent être chargées, — le port d'où ce navire a dû ou doit partir, — les ports ou rades dans lesquels il doit charger ou décharger, — ceux dans lesquels il doit entrer, — la nature et la valeur de l'estimation des marchandises ou objets que l'on fait assurer, — les temps auxquels les risques doivent commencer et finir, — la somme assurée, — la prime ou le coût de l'assurance, — la soumission des parties à des arbitres, si elle a été convenue, — et généralement toutes les autres conditions dont les parties sont convenues. (Code de Commerce, art. 332.)

La même police peut contenir plusieurs assurances, soit à raison des marchandises, soit à raison du taux à la prime, soit à raison des différents assureurs.

Dans la pratique, on peut adopter des formules de polices d'assurances permettant de ne point spécifier le nom de l'assuré, et établir des polices transmissibles par endossement ou par simple remise, qui transfèrent tous les droits au cessionnaire. Ces polices circulent en même temps que le connaissement.

Obligations de l'assureur

L'assureur doit indemniser l'assuré des dommages, pertes et dépenses causés par les risques qu'il assure.

En vertu de l'article 350 du Code de Commerce, sont aux risques de l'assureur toutes pertes et dommages qui arrivent aux objets assurés par tempête, naufrage, échouement, abordage fortuit, changements forcés de route, de voyage ou de vaisseau, par jet, feu, prise, pillage, arrêt par ordre de puissance, déclaration de guerre, représailles, et généralement par toutes les autres fortunes de mer.

Toutefois :

1" Tout changement de route, de voyage ou de vaisseau et toutes pertes et dommages provenant du fait de l'assuré, ne sont point à la charge de l'assureur; et même la prime lui est acquise, s'il a commencé à courir les risques. (Art. 351.)

2° Les déchets, diminutions et pertes qui arrivent par le vice propre de la chose, et les dommages causés par le fait et faute des propriétaires, affréteurs ou chargeurs, ne sont point à la charge des assureurs. (Art. 352.)

3" L'assureur n'est point tenu des prévarications et fautes du capitaine et de l'équipage, connues sous le nom de **baraterie de patron,** s'il n'y a convention contraire. (Art. 353).

D'autre part, si la chose assurée n'est perdue que partiellement, si elle a été assurée pour une somme inférieure à sa valeur, la responsabilité de l'assureur est diminuée proportionnellement ; si la valeur déclarée est supérieure à la valeur réelle, l'obligation de l'assureur est réduite, ou même annulée en cas de fraude de l'assuré. Dans le cas où il n'y a eu ni dol, ni fraude, le contrat est valable jusqu'à concurrence de la valeur des effets chargés, d'après l'estimation qui en est faite ou convenue. S'il y a eu perte, les assureurs sont tenus d'y contribuer chacun à proportion des sommes par eux assurées. Ils ne reçoivent pas la prime de l'excédent de valeur, mais seulement une indemnité d'un demi pour cent.

Obligations de l'assuré

Par le contrat d'assurance l'assuré prend les engagements suivants :

1" Payer la prime stipulée dans la police. L'assureur a un privilège sur le navire, ou les facultés, pour le paiement des primes relatives au dernier voyage effectué.

2° Déclarer exactement tous les éléments de nature à établir l'identité de la chose et à déterminer l'étendue des risques à assurer (valeur de la marchandise, itinéraire, etc.). Toute réticence, toute fausse déclaration de la part de l'assuré, toute différence entre le contrat d'assurance et le connaissement, qui diminueraient l'opinion du risque ou en changeraient le sujet, annulent l'assurance. L'assurance est nulle, même dans le cas où la réticence, la fausse déclaration ou la différence n'auraient pas influé sur le dommage ou la perte de l'objet assuré. (Art. 348 du Code de Commerce.)

3" En cas d'accident : a) agir comme si le dommage restait à son compte et faire tout ce qui dépend de lui pour l'éviter ou le limiter (art. 381 ; b) aviser l'assureur des dommages subis.

Règlement des dommages

L'assuré a deux moyens d'obtenir réparation d'un sinistre : il peut réclamer à l'assureur une indemnité, il exerce contre lui l'action d'avarie : c'est le moyen normal : toutefois, dans certains cas désignés par la loi, et qu'on appelle les sinistres majeurs, la chose étant devenue inutilisable, l'assuré peut abandonner à l'assureur tout ce qui reste de la chose et demander le remboursement de sa valeur intégrale : c'est **le délaissement.** Le délaissement présente plusieurs intérêts pour l'assuré : il évitera des discussions, des procès : sur le montant des dommages, il touchera immédiatement une somme importante au lieu d'avoir un navire avarié ; enfin, en cas de présomption de perte du navire résultant du manque de nouvelles, il touchera, sans plus attendre, la somme assurée.

Le délaissement

Définition

Le délaissement est l'acte par lequel l'assuré abandonne à l'assureur la propriété de l'objet assuré, lorsque certains risques bien déterminés se sont réalisés, moyennant le versement intégral de l'indemnité stipulée dans la police d'assurance.

Le délaissement des objets assurés ne peut être ni partiel ni conditionnel.

Dans quel cas le délaissement peut-il être fait?

Le délaissement des objets assurés peut être fait en cas de prise, de naufrage, d'échouement avec bris, d'innavigabilité par fortune de mer, — en cas d'arrêt d'une puissance étrangère, — en cas de perte ou détérioration des effets assurés, si la détérioration ou la perte va au moins à trois-quarts. Il peut être fait, en cas d'arrêt de la part du Gouvernement, après le voyage commencé. (Art. 369.)

Le délaissement peut encore être fait, en vertu de l'article 375 du Code de Commerce, si, après six mois expirés à compter du jour du départ du navire ou du jour auquel se rapportent les dernières nouvelles reçues, pour les voyages ordinaires, — après un an, pour les voyages de long cours, — l'assuré déclare n'avoir reçu aucune nouvelle de son navire.

Le délaissement ne peut être fait en aucun autre cas.

En fait, les Compagnies de navigation françaises adoptent des règles plus étroites : elles admettent seulement comme cas de délaissement :

Pour le navire, le défaut de nouvelles et la disparition ou la destruction totale, l'innavigabilité par fortune de mer — entraînant des dépenses supérieures aux trois-quarts de la valeur assurée.

Pour les marchandises, le défaut de nouvelles, la perte ou la détérioration des trois-quarts, l'innavigabilité du navire à défaut de rechargement dans un certain délai, enfin la vente ordonnée ailleurs qu'aux points de départ ou de destination par suite de fortune de mer.

Délais et forme du délaissement

L'assuré qui veut user du délaissement, ou son mandataire, doit signifier à l'assureur les avis qu'il reçoit du sinistre. La signification doit être faite dans les trois jours de la réception de chaque avis.

Puis l'assuré doit signifier à l'assureur le délaissement dans les délais suivants :

1° Six mois, si le sinistre s'est produit dans un port ou sur les côtes d'Europe, ou encore sur celles d'Asie ou d'Afrique, dans la Méditerranée ;

2° Un an, si le sinistre s'est produit en Afrique, en deçà du cap de Bonne-Espérance, ou en Amérique, en deçà du cap Horn ;

3° Dix-huit mois, dans les autres parties du monde.

Les délais ne commencent à courir que du jour de la réception de la nouvelle.

Le délaissement ne peut être fait par le capitaine de sa propre autorité.

Le délaissement doit être accepté par l'assureur ; si celui-ci en conteste le bien-fondé, l'assuré lui intentera une action en justice pour faire déclarer la validité du délaissement.

Signalons, en terminant, que l'assuré est tenu, en faisant le délaissement, de déclarer toutes les assurances qu'il a faites ou fait faire, même celles qu'il a ordonnées et l'argent qu'il a pris à la grosse, soit sur le navire, soit sur les marchandises ; faute de quoi, le délai du paiement, qui doit commencer à courir du jour du délaissement, sera suspendu jusqu'au jour où il fera notifier la dite déclaration, sans qu'il en résulte aucune prorogation du délai établi pour former l'action en délaissement. (Code de Commerce, art. 379.)

Effets du délaissement

En vertu de l'article 385 du Code de Commerce, une fois que le délaissement a été signifié et accepté ou jugé valable, les effets assurés appartiennent à l'assureur, à partir de l'époque du délaissement.

L'assureur ne peut, sous prétexte du retour du navire, se dispenser de payer la somme assurée.

Si l'époque du paiement n'est point fixée par le contrat, l'assureur est tenu de payer l'assurance trois mois après la signification du délaissement.

Le délaissement a un effet rétroactif.

Différences entre l'abandon et le délaissement

L'abandon est un moyen, pour le propriétaire d'un navire, de limiter la responsabilité qu'il encourt en raison des faits du capitaine et de l'équipage, en faisant à ses créanciers l'abandon du navire et du fret.

Le délaissement est un des modes d'exécution du contrat d'assurance maritime.

Ressemblances entre l'abandon et le délaissement

L'abandon et le délaissement sont tous les deux des modes d'acquérir la propriété, spéciaux au droit maritime.

Règlement par avaries

C'est la solution normalement employée pour le règlement des sinistres sur terre. Rappelons que c'est la seule possible dans l'assurance maritime quand il n'y a pas sinistre majeur, ou que les délais de délaissement sont expirés. Elle a pour but d'attribuer à l'assuré une indemnité proportionnée à la perte subie.

Toute protestation ou réclamation doit être faite et signifiée dans les vingt-quatre heures de réception de la marchandise et suivie dans le mois d'une demande en justice à peine du nullité. (Code de Commerce, art. 436.) En cas de perte totale, l'action d'avarie peut être intentée pendant cinq ans.

Action en avarie

Elle a pour but de faire évaluer la somme due. Les règles posées par le Code de Commerce diffèrent suivant qu'il s'agit d'avaries communes ou particulières.

Pour les avaries communes, l'assureur est tenu de rembourser non seulement le dommage subi directement par le navire ou les marchandises, mais aussi celui subi indirectement par contribution aux avaries communes, à la suite d'un règlement. (Code de Commerce, art. 414.) Ce règlement est en effet opposable aux assureurs.

Pour les avaries particulières, des distinctions doivent être faites :

A. — *Assurances sur corps*

Si le navire est réparé, l'assureur devra rembourser :

1° Les frais de réparation, déduction faite du prix de vente de débris et de la différence du vieux au neuf sur le montant net de la réparation.

2° Les salaires, frais accessoires et la nourriture de l'équipage pendant la réparation.

Si le navire est vendu par le propriétaire, l'assureur devra la différence entre le prix de vente du navire et la valeur du navire déterminée par la police, après déduction des frais de mise dehors et du fret net, s'ils n'ont pas été assurés cumulativement.

B. — *Assurances sur facultés*

En cas de perte totale, l'assuré doit recevoir la somme assurée toute entière ; en cas de perte partielle, il est remboursé proportionnellement à la quantité perdue.

S'il y a détérioration, on recherche quelle est la diminution subie par la valeur de la marchandise.

Toutefois, si l'assurance était faite d'après la valeur de la marchandise au lieu de destination, l'assureur doit la différence entre le prix de vente de la marchandise avariée et le prix qu'on en aurait retiré si elle était arrivée en bon état.

C. — *Avaries frais*

Les dépenses extraordinaires (entrée dans un port de relâche, frais de déchargement, etc.), sont remboursées par l'assureur.

D. — *Assurance du fret*

Les avaries particulières du fret sont, notamment, la réduction du fret par suite d'événements de mer, les dépenses extraordinaires supportées par le fréteur, frais de nourriture et loyers pendant les relâches, frais de rapatriement. Elles sont remboursées par l'assureur.

Par suite du règlement, l'assureur se trouve subrogé à tous les droits de l'assuré, il peut notamment assigner à sa place en dommages-intérêts les tiers responsables de l'accident (Code Civil, 1251, § 3) ou les personnes tenues de contribuer à l'avarie commune.

Assurances des risques de guerre

Une loi du 10 avril 1915 institua l'assurance, par l'Etat, des navires et cargaisons contre les risques de guerre.

Le droit international public, en effet, admet, comme nous l'avons vu, la légitimité du droit de prise ; les Sociétés d'assurances excluent de leur police les pertes par capture de l'ennemi ou ne courent ce risque que moyennant des surprimes élevées.

Aussi un grand nombre d'Etats s'empressèrent-ils, dès les premiers mois des hostilités, d'organiser l'assurance maritime contre les risques de guerre.

En France, ces mesures firent l'objet d'un premier décret du 13 août 1914 et de deux décrets modificatifs des 10 octobre et 21 novembre suivants.

La garantie de l'Etat s'appliquait :

1° Aux navires battant pavillon français et immatriculés dans un port français, jusqu'à 80 % de leur valeur, contre paiement d'une prime qui ne peut excéder 5 % de la somme garantie.

2° Aux cargaisons transportées à l'importation comme l'exportation par navires battant pavillon français ou neutre ; elle pouvait porter sur la valeur totale du chargement contre paiement d'une prime dont le montant ne pouvait excéder 5 % de la somme garantie.

Après la clôture et la liquidation des opérations d'assurances, le reliquat actif devait être divisé en deux parts : les sommes provenant de primes versées pour l'assurance des navires ; les sommes provenant de primes versées pour l'assurance des cargaisons.

Une loi du 19 avril 1917 décida que pendant les hostilités l'assurance serait obligatoire pour les navires de cinq cents tonneaux et au-dessus de jauge brute battant pavillon français, immatriculés dans un port de la France continentale et qui ne sont pas couverts par l'Etat contre les risques de guerre, du fait de dispositions législatives ou de conventions spéciales.

L'assurance par l'Etat resta facultative pour les navires français de moins de cinq cents tonneaux de jauge brute, ainsi que pour les navires alliés ou neutres affrétés par des Français.

Le taux des primes était fixé, suivant les catégories de navires, par décret : en cas de perte totale, le propriétaire recevait les 75 % de la valeur assurée, le complément était versé après l'achat ou la mise en chantier d'un autre navire.

Des franchises

On appelle **franchise**, une clause en vertu de laquelle la responsabilité de l'assureur se trouve limitée aux risques ayant une certaine importance.

L'article 408 du Code de Commerce stipule que : une demande pour avaries n'est point recevable si l'avarie n'excède pas 1 % de la valeur de la chose endommagée. Mais les polices d'assurances substituent souvent à la franchise légale des franchises conventionnelles qui peuvent atteindre 10 % et même plus de la valeur de la chose assurée.

De la clause « franc d'avarie »

On entend par clause **franc d'avarie**, la clause par laquelle les assureurs s'affranchissent de toutes avaries, soit communes, soit particulières, excepté dans les cas qui donnent ouverture au délaissement : et, dans ces cas les assurés auront l'option entre le délaissement et l'exercice d'action en avarie.

CHAPITRE IX

Des Avaries. — Jet et Contribution

Définition

En vertu de l'article 397 du Code de Commerce sont réputés avaries :

a) Toutes dépenses extraordinaires faites pour le navire et les marchandises, conjointement ou séparément ;

b) Tout dommage qui arrive au navire et aux marchandises, depuis leur chargement et départ, jusqu'à leur retour et déchargement.

Ainsi, dans son sens juridique, le mot **avarie** ne s'applique pas seulement aux détériorations matérielles subies par le navire ou la cargaison, comme le laisserait croire le sens usuel du mot, il s'applique également aux dépenses extraordinaires faites pour l'un ou l'autre : il y a des *avaries dommages* et des *avaries frais*.

Mais, ce qui caractérise les avaries, c'est la *cause* extraordinaire, imprévue, qui les a provoquées : si ces dommages, si ces frais sont une conséquence normale, forcée, de la navigation (usure du navire, frais de chargement, de déchargement, droits de douane, salaires, consommation de combustible), ils ne constituent pas des avaries. Le Code de Commerce précise, en son article 406, que ne doivent pas être considérés comme avaries, mais comme de simples frais à la charge du navire, les lamanages, touages, pilotages pour entrer dans les hâvres ou rivières ou pour en sortir, les droits de congés, visites, rapports, tonnes, balises, ancrages et autres droits de navigation. Néanmoins, ces frais et d'autres similaires peuvent devenir des avaries, s'ils résultent de circonstances anormales, d'une cause imprévue survenue pendant l'affrètement (par exemple, de la relâche en cas de tempête).

Différentes sortes d'avaries

La loi maritime s'est de tout temps occupée de déterminer par qui doivent être supportées les avaries : de très bonne heure s'établit une distinction : il est pleinement équitable de faire supporter à toutes les personnes intéressées à une même expédition maritime les sacrifices encourus volontairement en vue du salut commun, pour le bien de tous ; au contraire, celui dont la chose subit un dommage fortuit, ou occasionne une dépense spéciale, doit en être seul responsable. Ce système, indiqué dans l'ordonnance de 1681, a été adopté par notre Code de Commerce.

Les avaries, précise l'article 399, sont de deux classes : « avaries grosses ou communes et avaries simples ou particulières ». Et les articles 401 et 404 disposent « que les avaries communes sont supportées par le fréteur et les chargeurs », tandis que « les avaries particulières sont supportées et payées par le propriétaire de la chose qui a essuyé le dommage ou occasionné la dépense ».

Classement des avaries

Ces deux catégories d'avaries n'ayant pas les mêmes conséquences, il importe de les distinguer nettement. Toutefois, avant d'étudier leurs caractères respectifs, il importe de remarquer que la matière des avaries est d'ordre purement privé : les parties pourront donc par une convention, dans le contrat d'affrètement, établir un classement des avaries, comme elles l'entendront ; ce classement s'imposera dès lors à tous et les seules contestations possibles porteront sur l'interprétation de ces clauses, au cas où elles ne seront pas suffisamment explicites.

En fait, les connaissements adoptent souvent les règles en usage dans tel ou tel port, ou encore les règles d'York et d'Anvers.

Ce n'est donc « qu'à défaut de conventions spéciales entre toutes les parties » que l'on se reportera au classement établi par le législateur ; le Code de Commerce le déclare expressément dans son article 398.

Nous examinerons le classement du Code de Commerce français et les règles d'York et d'Anvers.

I. — AVARIES GROSSES OU COMMUNES

Définition

On appelle avaries grosses ou avaries communes, les dommages qui ont été subis ou les dépenses qui ont été faites volontairement, pour le salut commun du navire et de la cargaison.

Caractères distinctifs des avaries communes

Les caractères distinctifs des avaries communes sont au nombre de quatre :

1° Il faut qu'elles consistent en un sacrifice volontaire accompli par le capitaine ou sur son ordre aux dépens du navire ou de la cargaison ;

2° Il faut que ce sacrifice ait été fait par le capitaine pour le bien commun du navire ou de la cargaison : il faut, disent les Anglais, qu'il ait été fait pour toute « l'aventure » ;

3° Il faut qu'il ait été suivi d'un résultat utile, c'est-à-dire que grâce au sacrifice consenti, le navire et le reste de la cargaison aient échappé au danger qu'ils couraient à *ce moment* ; peu importe si le navire périt ensuite dans une autre circonstance ;

4° Il faut enfin que le danger provienne d'un cas fortuit ou d'une force majeure, et non de la faute du capitaine.

Comment prouver qu'il y a eu avarie commune ?

Certaines règles de forme sont prévues pour constater et prouver les circonstances qui ont nécessité l'avarie commune.

Le capitaine ne doit agir que d'après délibération motivée (art 400 et 426) il doit « prendre l'avis des intéressés qui se trouvent dans le vaisseau et des principaux de l'équipage » : s'il y a diversité d'avis, celui du capitaine et des principaux de l'équipage est suivi. (Art. 410.)

Le capitaine est tenu de rédiger par écrit la délibération, aussitôt qu'il en a les moyens ; elle exprime les motifs qui ont déterminé la décision, les objets, elle présente la signature des délibérants, ou les motifs de leur refus de signer ; elle est transcrite sur le registre du bord. (Art. 412.) Au premier port où le navire abordera, le capitaine est tenu, dans les vingt-quatre heures de son arrivée, d'affirmer les faits contenus dans la délibération transcrite sur le registre. (Art. 413.)

Mais ces règles n'ont pour but que de faciliter la preuve de l'avarie commune ; elles ne constituent pas une condition essentielle de l'avarie.

Remarquons enfin que le caractère de l'avarie commune se communique à toutes les dépenses ou dommages qui en sont la conséquence, la suite normale ; il en est ainsi même si ces dépenses, prises en elles-mêmes, ne constituent pas normalement des avaries.

C'est ainsi, qu'aux termes mêmes du Code de Commerce (art. 400), sont avaries communes, les dommages occasionnés par le jet, aux marchandises restées dans le navire (ces avaries sont en elles-mêmes des avaries particulières, mais elles deviennent avaries communes parce qu'elles sont la conséquence directe du jet à la mer).

De même doivent être considérés comme avaries communes les frais de relâche, quand celle-ci est nécessaire pour faire des réparations urgentes au navire ou aux marchandises endommagées pour le salut commun.

Principaux cas d'avaries communes d'après le Code de Commerce

Le Code indique comme principales avaries :

A. — *Avaries dommages*

1° Le jet à la mer d'une partie de la cargaison (art. 400, § 2 du Code de Commerce), accompli pour sauver le navire ou le reste des marchandises ; toutefois, il ne constitue qu'une avarie particulière dans deux cas : si elles ont été chargées sur le pont, si elles ont été chargées sans connaissement ni inscription au livre de bord ;

2° Le démâtement ou sabordement du navire, l'abandon d'apparaux, sont avaries communes (art. 400, § 3 et 4), et non seulement la détérioration qui en résulte pour le navire, mais aussi les dégâts causés aux marchandises par la chute du mât ou le sabordement ;

3° L'allègement du navire : en cas de perte des marchandises mises dans des barques pour alléger le navire entrant dans un port ou dans une rivière, la répartition est faite sur le navire et son chargement en entier.

B. — *Avaries frais*

1° Les frais résultant d'un renflouement après échouement (art. 400, § 8), pour éviter la perte totale ou la prise ;

2° La rançon payée à un pirate ou un corsaire pour obtenir la liberté du navire (art. 400, § 1) ;

3° La nourriture et les loyers dus aux gens de l'équipage pendant la relâche, si celle-ci a été effectuée par ordre d'un gouvernement et quand le navire a été affrété au mois ou à temps (art. 400, § 6) ; s'il a été affrété au voyage, ces mêmes dépenses sont avaries particulières ; il y a là une exception à la théorie des avaries communes ;

4° Les frais de chargement pour alléger le navire et entrer au port en cas de tempête ou de poursuite par l'ennemi.

Enfin on peut, bien que la loi soit muette sur ces points, citer les dommages suivants qui sont considérés comme avaries communes par la plupart des législations étrangères ou l'ordonnance de 1681 : tous les frais de relâche pour cause de force majeure si elle ne constitue pas elle-même une avarie commune ; le forcement de voiles ou de vapeur quand il est nécessaire pour que le navire échappe à un péril, les frais d'assistance ou remorquage.

résultant de circonstances extraordinaires, les sacrifices faits pour combattre un incendie à bord, les dommages et dépenses occasionnés par un combat, si le navire est attaqué, les frais de convoi dans les parages dangereux ou les frais de sauvetage, l'emploi par le capitaine des marchandises du bord comme combustible ou la vente d'une partie de la cargaison pour se procurer l'argent nécessaire (art. 234 et 298) aux besoins urgents de l'expédition.

Règlement des avaries communes d'après le Code de Commerce

Lorsqu'une avarie commune s'est produite, tous ceux qui ont bénéficié des sacrifices qui ont été faits volontairement, doivent y contribuer dans la mesure de l'avantage qu'ils en ont retiré. Le règlement d'avaries communes a pour but de déterminer et de fixer cette contribution.

Le chargeur qui veut réclamer contre les dommages causés à sa marchandise, doit, dans les vingt-quatre heures de la réception au port de destination, notifier sa protestation au fréteur, et produire sa demande en justice dans le mois (art. 435 du Code de Commerce); de même, le fréteur perd tout droit à réclamer pour avaries causées par les marchandises au navire, si le capitaine les a livrées et s'il a reçu son fret sans protestation. Sa réclamation doit être signifiée dans les vingt-quatre heures. (Art. 436.

Le règlement de ces avaries est fait :

1° Soit par un arbitre nommé à l'amiable par tous les intéressés (capitaine, chargeur et assureur) s'ils sont d'accord; en ce cas, ils doivent au préalable rédiger un compromis par lequel ils s'engagent à accepter la décision de cet expert et renoncent à recourir aux tribunaux :

2° Soit par un expert dispacheur désigné sur la demande de l'un des intéressés, par le tribunal de commerce ou le juge de paix du lieu de destination du navire. (Code de Commerce, art. 414.) Ses opérations, après avoir été homologuées par cette juridiction, deviennent définitives.

Le règlement doit naturellement comprendre quatre opérations :

1° Détermination du caractère des avaries (qui dépend nous le savons de leur cause) :

2° Évaluation des dommages subis par le navire, des marchandises sacrifiées, des dépenses faites dans l'intérêt commun et des frais du règlement d'avaries, le tout constituant la **masse active.**

Les marchandises sacrifiées sont évaluées d'après leur valeur au lieu de déchargement, déduction faite des frais de déchargement et de douane (art. 415), c'est-à-dire d'après la valeur que leur propriétaire espérait en retirer : cette valeur est déterminée par la production des connaissements et factures.

Le dommage subi par le navire est déterminé par le montant des réparations faites sous déduction du prix de vente des objets sacrifiés et de la différence de valeur entre le matériel usagé qui a été abandonné et le neuf ;

3° La détermination et l'évaluation des valeurs, objets, marchandises qui ont bénéficié de ces sacrifices et qui constituent la **masse passive.**

Ces valeurs comprennent :

a) Les marchandises sauvées (sauf les loyers de l'équipage et bagages des passagers) ;

b) Le navire et le fret : ils contribuent pour moitié seulement de leur valeur, par une faveur du Code de Commerce (art. 401 et 417) ;

c) Les marchandises sacrifiées ; elles faisaient en effet partie de « l'aventure » et leur propriétaire ne doit pas être mieux traité que ceux dont les marchandises ont été sauvées.

4° La répartition proportionnelle des sacrifices composant la masse active, à la valeur de chacun des objets ou marchandises composant la masse passive.

Règles d'York et d'Anvers

Ces règles constituent une sorte de Code pratique des avaries qui a été établi dans des congrès tenus à York, puis à Anvers, en 1864 et 1877, puis revisé dans un congrès tenu à Liverpool en 1890. Elles diffèrent sur la plupart des points, des règles admises par la législation et la jurisprudence françaises. Rappelons qu'elles n'ont d'utilité entre Français que si la charte partie ou le connaissement s'y réfèrent expressément ; entre Français et étrangers elles font loi si elles sont en vigueur dans le pays où le navire décharge.

Les règles d'York et d'Anvers sont les suivantes :

I. — *Jet de marchandises chargées sur le pont*

Aucun jet de marchandises chargées sur le pont ne sera admis en avarie commune. Sera assimilée au pont toute construction ne faisant pas corps avec la membrure du navire.

II. — *Dommage causé par le jet et sacrifice pour le salut commun*

Le dommage causé au navire et à la cargaison, conjointement ou séparément, par ou en conséquence d'un sacrifice fait pour le salut commun, et par l'eau pénétrant dans la cale du navire par les écoutilles ouvertes ou par toute autre ouverture pratiquée en vue d'opérer un jet pour le salut commun, sera bonifié en avaries communes.

III. — *Extinction d'incendie à bord*

Le dommage causé au navire et à la cargaison, conjointement ou séparément, par l'eau ou autrement, y compris le dommage résultant de l'échouement ou du sabordement d'un navire en fer, en vue d'éteindre un incendie à bord, sera réputé avarie commune; toutefois, aucune bonification ne sera faite pour dommage aux parties de la cargaison en vrac ou aux colis de marchandises qui auraient été en feu.

IV. — *Débris coupés*

La perte ou dommage éprouvé en coupant des débris ou restants de bois ronds ou d'autres objets déjà endommagés par fortune de mer, ne sera pas bonifié en avarie commune.

V. — *Echouement volontaire*

L'échouement volontaire d'un navire dans des conditions telles que si cette résolution n'avait pas été prise, il aurait inévitablement sombré ou se serait échoué sur le rivage ou sur des rochers, ne sera pas considéré comme sacrifice, et le dommage occasionné au navire, au chargement et au fret, conjointement ou séparément, par le fait de cet échouement, ne sera pas bonifié en avaries. Mais en toute autre circonstance, l'échouement volontaire d'un navire pour le salut commun donnera lieu à la répartition en avarie commune des pertes et dommages qui en auront été la conséquence.

VI. — *Forcement de voiles, perte ou dommage de voiles*

Le dommage aux voiles et espars ou leur perte, ayant pour cause les efforts faits pour renflouer le navire ou pour le placer plus haut sur la côte, en vue du salut commun, sera bonifié en avarie commune; mais le navire étant à flot, aucune perte ou dommage causé au navire, à la cargaison et au fret, conjointement ou séparément, en forçant de toile ou de voiles, ne sera admis en avarie commune.

VII. — *Dommage aux machines en renflouant le navire*

Le dommage fait par les efforts tentés pour le renflouement, aux machines, aux chaudières d'un navire qui se trouve échoué dans une position périlleuse, sera admis en avarie commune quand il sera démontré qu'il est survenu à la suite de l'intention formelle de renflouer le navire pour le salut commun, en courant le risque de ce dommage.

VIII. — *Dépenses pour alléger un navire échoué et dommage en résultant*

Quand pour renflouer un navire échoué, la cargaison, le charbon de la soute et les provisions du navire, ou l'un de ces objets seulement, auront été déchargés, le coût extra de l'allègement, le loyer des allèges et les frais d'embarquement ou rembarquement (s'ils ont été encourus), ainsi que la perte ou le dommage qui en est résulté, seront admis en avarie commune.

IX. — *Cargaison, objets de l'inventaire du navire et provisions brûlées comme combustible*

La cargaison, les objets d'inventaire du navire et les provisions, ou l'un de ces objets seulement, qu'il aura fallu brûler comme combustible pour le salut commun au moment du danger, seront admis en avarie commune quand et seulement un ample approvisionnement de combustible avait été embarqué : mais la quantité estimée de charbon, qui aurait été consumé à la valeur courante au dernier port de départ du navire et à la date de son départ, sera portée en compte à l'armateur du navire et portée au crédit de l'avarie commune.

X. — *Dépenses au port de relâche, etc., etc.*

a) Quand un navire sera entré dans un port ou lieu de relâche ou qu'il sera retourné à son port ou lieu de chargement par suite d'accident, de sacrifice ou d'autres circonstances extraordinaires qui auront rendu cela nécessaire pour le salut commun, les dépenses pour entrer dans ce port ou lieu seront admises en avarie commune, et quand il sera parti de là avec la cargaison primitive ou avec une partie seulement, les dépenses correspondantes pour quitter le port ou lieu de relâche, qui auront été la conséquence de cette entrée ou retour, sont également admises en avarie commune.

b) Les frais de débarquement de la cargaison du navire, soit au port ou lieu de chargement, d'ordres ou de relâche, seront admis en avarie commune si le débarquement était nécessaire pour le salut commun ou pour pouvoir réparer les dommages au navire, causés par sacrifice ou par accidents pendant le voyage, en toute sécurité.

c) Quand les frais de débarquement de la cargaison d'un navire sont admissibles en avarie commune, les frais de mise en magasin et le rembarquement de cette cargaison à bord de ce navire, ainsi que les frais de magasinage de cette cargaison, seront également aussi admis en avarie commune. Mais quand le navire aura été condamné ou qu'il ne continue pas son voyage primitif, aucun frais de magasinage encouru, après la date de la condamnation du navire ou l'abandon du voyage ne seront admis en avarie commune.

d) Si le navire en état d'avaries se trouve dans un port ou lieu dans lequel les réparations pourraient être effectuées de manière à ce qu'il pourrait continuer son voyage avec sa cargaison et si, en vue de réduire les dépenses, il est remorqué de là jusqu'à un autre port ou lieu de réparation, ou jusqu'à son port de destination, ou si la cargaison, en tout ou en partie, est transbordée sur un autre navire ou autrement réexpédiée, alors le coût extra de ce remorquage, transbordement et réexpédition ou l'un de ces modes seulement (jusqu'à concurrence du montant des dépenses extraordinaires épargnées), sera payable par les divers intéressés dans l'expédition, proportionnellement à la dépense extraordinaire épargnée.

XI. — *Gages et nourriture de l'équipage dans le port de relâche, etc.*

Quand un navire sera entré ou aura été détenu dans un port ou lieu, dans les circonstances ou pour les réparations à faire, ainsi qu'il est mentionné dans la règle X, les gages dus au capitaine, aux officiers et à l'équipage, ainsi que le coût de leur nourriture pendant la période extraordinaire de détention dans ce port ou lieu et jusqu'à ce que le navire aura été ou aurait dû avoir été remis en état de continuer son voyage, seront admis en avarie commune. Mais si le navire est condamné ou ne continue pas son voyage primitif, les gages et la nourriture du capitaine, des officiers et de l'équipage qui seront encourus après la date de la condamnation du navire ou de l'abandon du voyage, ne seront pas admis en avarie commune.

XII. — *Dommage à la cargaison en déchargeant*

Le dommage ou la perte inévitablement subie par la cargaison, par suite des opérations de déchargement, de l'emmagasinage, du rechargement et de l'arrimage, sera bonifié en avarie commune quand et seulement le coût respectif de ces opérations sera admis en avarie commune.

XIII. — *Déduction sur le coût des réparations*

En faisant la répartition des réclamations en avarie commune, les réparations admises seront sujettes aux déductions suivantes pour la différence du vieux au neuf, savoir :

1° Dans le cas de navires en fer ou en acier, depuis la date de leur premier enregistrement jusqu'à la date de l'accident :

A) *1re année.* — Toutes les réparations seront admises en entier, excepté la peinture ou l'enduit de la carène, dont un tiers sera déduit.

B) *De 1 à 3 ans.* — Un tiers sera déduit des réparations et du renouvellement des bois à la carène, des mâts et espars, des meubles, de la tapisserie, de la vaisselle, métal et verres, ainsi que des voiles, gréement, cordages, écoutes et aussières (autres qu'en fil de fer et chaîne), tentes, prélarts et peinture. Un sixième sera déduit des gréements, cordages et aussières en fil de fer, des chaines-câbles et des chaines, des machines auxiliaires, treuils à vapeur et accessoires, grues à vapeur et accessoires. Les autres réparations seront admises en entier.

c) *De 3 à 6 ans.* — Les déductions seront faites comme ci-dessus sous clause B), excepté qu'un sixième sera déduit du fer, des mâts et espars et des machines (y compris les chaudières et accessoires).

D) *De 6 à 10 ans.* — Les déductions seront faites comme ci-dessus sous clause C), excepté qu'un tiers sera déduit du fer, des mâts et espars, des réparations et du renouvellement de toutes les machines (y compris les chaudières et leurs accessoires) et des aussières, cordages, écoutes et gréement, sans exception.

E) *De 10 à 15 ans.* — Un tiers sera déduit de toutes les réparations et de tous les renouvellements, excepté du fer de la carène, du ciment et des chaines-câbles, dont il sera déduit un sixième. Les ancres seront allouées en entier.

F) *Au delà de 15 ans.* — Un tiers sera déduit de toutes les réparations et de tous les renouvellements. Les ancres seront allouées en entier. Un sixième sera déduit des chaines-câbles.

G) *En général.* — Les déductions (excepté sur les provisions, objets d'inventaire, machines et chaudières) seront déterminées d'après l'âge du navire et non d'après l'âge de l'objet particulier auquel elles s'appliquent. La peinture de la carène ne sera pas admise si la carène n'a pas été peinte pendant les six mois antérieurs à la date de l'accident. Aucune déduction ne sera faite sur un objet déjà vieux, réparé sans application de pièces nouvelles, ni sur provisions et objet d'inventaire qui n'auraient pas encore été employés.

2° *Cas des navires en bois ou composites.* — Dans le cas de navires en bois ou composites : quand le navire n'aura pas encore un an, à partir de la date de son premier enregistrement jusqu'au moment de l'accident, il ne sera fait aucune déduction pour différence du vieux au neuf. Après ce temps, il sera fait une déduction d'un tiers, sauf les exceptions suivantes :

Les ancres seront allouées en entier. Les chaînes-câbles subiront une réduction d'un sixième. Aucune déduction ne sera faite sur les provisions ou les objets d'inventaire qui n'auraient pas encore été employés.

Quant au doublage en métal, le coût sera alloué en entier sur la base du poids brut du métal enlevé du navire sous déduction du produit du vieux métal. Les clous, le feutre et la main-d'œuvre pour appliquer le nouveau doublage, subissent une déduction d'un tiers.

3° *Cas de navires en général.* — Pour tous les navires, la dépense à faire pour redresser des pièces de fer courbées, y compris la main-d'œuvre pour enlever et replacer les pièces, sera allouée en entier.

Les loyers des bassins de radoub, y compris les frais de déplacement, transport, usage des bigues, ponts volants et tous les engins de bassins de radoub seront alloués en entier.

XIV. — *Réparations temporaires*

Aucune déduction pour la différence du vieux au neuf ne sera faite du coût des réparations temporaires de dommages admissibles en avaries communes.

XV. — *Perte du fret*

La perte du fret résultant d'un dommage à ou d'une perte de cargaison, sera bonifiée en avarie commune, tant si elle est causée par acte d'avarie commune que si le dommage ou la perte de cargaison est aussi bonifié.

XVI. — *Montant à bonifier pour cargaison perdue ou endommagée par sacrifice*

Le montant à bonifier en avarie commune pour dommage à ou perte de marchandises sacrifiées, sera le montant de la perte que le propriétaire des marchandises aura éprouvée par là, en prenant pour base le prix du marché à la date de l'arrivée du navire ou de la terminaison de l'expédition.

XVII. — *Valeurs contributives*

La contribution à l'avarie commune sera établie sur les valeurs réelles des propriétés à la fin de l'expédition en y ajoutant le montant bonifié en avarie commune pour les objets sacrifiés du fret et au prix de passage en risque pour l'armateur, seront déduits les frais de port et les gages d'équipage qui n'auraient pas été encourus si le navire et la cargaison s'étaient totalement perdus au moment de l'acte d'avarie commune ou du sacrifice, mais pour autant seulement qu'ils n'auront pas été bonifiés en avarie commune.

De la valeur des propriétés, seront également déduits tous les frais y relatifs depuis l'événement qui donne ouverture à l'avarie commune. Les bagages des passagers et les effets personnels pour lesquels il n'est pas signé de connaissement, ne contribueront pas aux avaries communes.

XVIII. — *Règlement des avaries*

A l'exception de toutes les dispositions formulées dans les règles précédentes, le règlement d'avarie commune se fera conformément à la loi et aux coutumes qui auraient servi de base au règlement si le contrat d'affrètement n'avait pas contenu la clause que les avaries communes seront payables conformément aux règles d'York et d'Anvers.

II. — AVARIES PARTICULIÈRES

Définition

Les avaries particulières sont les dépenses faites ou les dommages soufferts par le navire seul, ou pour les marchandises seules, depuis leur chargement et départ jusqu'à leur retour et déchargement.

Sont notamment avaries particulières (art. 403 du Code de Commerce) :

1° Le dommage arrivé aux marchandises par leur vice propre, par tempête, prise, naufrage ou échouement ;

2° Les frais faits pour les sauver ;

3° La perte des câbles, ancres, voiles, mâts, cordages, causé par la tempête ou autre accident de mer :

Les dépenses résultant de toutes relâches occasionnées soit par la perte fortuite de ces objets, soit par le besoin d'avitaillement, soit par voie d'eau à réparer :

4° La nourriture et le loyer des matelots pendant la détention, quand le navire est arrêté en voyage par ordre d'une puissance, et pendant les réparations qu'on est obligé d'y faire, si le navire est affrété au voyage :

5° La nourriture et le loyer des matelots pendant la quarantaine, que le navire soit loué au voyage ou au mois.

Les dommages arrivés aux marchandises, faute par le capitaine d'avoir bien fermé les écoutilles, amarré le navire, fourni de bons guindages, et par tous autres accidents provenant de la négligence du capitaine ou de l'équipage, sont également des avaries particulières supportées par le propriétaire des marchandises, mais pour lesquelles il a son recours contre le capitaine, le navire et le fret.

Caractères distinctifs des avaries particulières

Alors que les avaries communes consistent en un sacrifice volontaire fait par le capitaine, ou sur son ordre, aux dépens du navire ou de la cargaison, les avaries particulières sont uniquement le résultat d'un cas fortuit, d'une force majeure ou d'une faute.

Règlement des avaries particulières

Les avaries particulières sont supportées et payées par le propriétaire de la chose qui a essuyé le dommage ou occasionné la dépense, sauf s'il y a eu faute du capitaine, recours contre ce dernier et le propriétaire du navire.

Des avaries causées par l'abordage maritime

L'abordage a une grande importance en droit maritime à raison de sa fréquence et de ses conséquences particulièrement graves. Malgré les moyens perfectionnés dont sont munis les navires pour annoncer leur approche (sirènes à vapeur, projecteurs, télégraphie sans fil, etc.), le nombre des sinistres causés par l'abordage reste encore très élevé.

Au sens de l'article 407 du Code de Commerce, il ne faut entendre par abordage que la collision entre deux navires et non pas celle entre un navire et un quai, entre un navire et une jetée, etc.

Règlement des avaries causées par l'abordage maritime

§ 1. — En cas d'abordage survenu entre navires de mer ou entre navires de mer et bateaux de navigation intérieure, les indemnités dues à raison des dommages causés aux navires, aux choses ou aux personnes se trouvant à bord sont réglées conformément aux dispositions suivantes, sans qu'il y ait à tenir compte des eaux où l'abordage s'est produit.

§ 2. — Si l'abordage est fortuit, s'il est dû à un cas de force majeure, ou s'il y a doute sur les causes de l'accident, les dommages sont supportés par ceux qui les ont éprouvés, sans qu'il y ait à distinguer le cas où, soit les navires, soit l'un d'eux, auraient été au mouillage au moment de l'abordage.

§ 3. — Si l'abordage est causé par la faute de l'un des navires, la réparation des dommages incombe à celui qui l'a commise.

§ 4. — S'il y a faute commune, la responsabilité de chacun des navires est proportionnelle à la gravité des fautes respectivement commises : toutefois, si, d'après les circonstances, la proportion ne peut être établie ou si les fautes apparaissent comme équivalentes, la responsabilité est partagée par parties égales.

Les dommages causés, soit aux navires, soit à leur cargaison, soit aux effets ou autres biens des équipages, des passagers ou autres personnes se trouvant à bord, sont supportés par les navires en faute, dans ladite proportion, sans solidarité à l'égard du tiers.

Les navires en faute sont tenus solidairement à l'égard des tiers, pour les dommages causés par mort ou blessures, sauf recours de celui qui a payé une part supérieure à celle que conformément à l'alinéa précédent du présent paragraphe, il doit définitivement supporter.

§ 5. — La responsabilité établie par les paragraphes précédents subsiste dans le cas où l'abordage est causé par la faute d'un pilote, même lorsque celui-ci est obligatoire.

§ 6. — Les dispositions qui précèdent sont applicables à la réparation des dommages que, soit par exécution ou omission de manœuvre, soit par inobservation des règlements, un navire a causés soit à un autre navire, soit aux choses ou personnes se trouvant à bord, alors même qu'il n'y aurait pas eu abordage.

§ 7. — En cas d'abordage, le demandeur pourra, à son choix, assigner devant le tribunal du domicile du défendeur ou devant celui du port français dans lequel, en premier lieu, soit l'un soit l'autre des deux navires s'est réfugié.

Si l'abordage est survenu dans la limite des eaux soumises à la juridiction française, l'assignation pourra également être donnée devant le tribunal dans le ressort duquel la collision s'est produite.(Code de Commerce, art. 407. Loi du 15 juillet 1915.

Prescription

En vertu de l'article 436 du Code de Commerce (loi 15 juillet 1915), toutes actions en indemnités pour dommages aux biens ou aux personnes causés par l'un des faits prévus à l'article 407, sont prescrites après deux ans à compter du jour de l'accident.

Toutefois, le recours prévu au paragraphe 4, alinéa 3, de l'article 407 est prescrit après un an à compter du jour où le paiement a été effectué.

Les délais prévus aux deux paragraphes précédents ne courent pas lorsque le navire défendeur n'a pu être saisi dans les eaux territoriales françaises.

CHAPITRE X

Prescriptions et fins de non-recevoir

A. — Prescriptions

L'article 2219 du Code Civil définit la prescription « un moyen d'acquérir
« ou de se libérer par un certain laps de temps et sous les conditions déter-
« minées par la loi. »

Il y a donc deux sortes de prescription : la prescription **acquisitive** et
la prescription **libératoire.**

I. — *Prescription acquisitive*

En vertu de l'article 430 du Code de Commerce, le capitaine ne peut
acquérir la propriété du navire par voie de prescription.

II. — *Prescription libératoire*

L'action en délaissement est prescrite, comme nous l'avons vu
lorsque nous avons parlé du délaissement, après **six mois, un an** ou
dix-huit mois (suivant le lieu où s'est produit le sinistre) à partir du jour
où la nouvelle du sinistre est parvenue à l'assuré.

Toute action dérivant d'un **contrat à la grosse,** ou d'une **police
d'assurance,** est prescrite, après **cinq ans,** à compter de la date du
contrat. (C. de C., art. 432.)

D'autre part, sont prescrites (art. 433) :

Toutes actions en paiement, pour **fret de navire, gages et loyers**
des officiers, matelots et autres gens de l'équipage, **un an** après le voyage
fini ;

Pour **nourriture fournie aux matelots** par l'ordre du capitaine,
un an après la livraison ;

Pour **fournitures de bois et autres choses nécessaires aux** constructions, équipement et ravitaillement du navire, **un an** après ces fournitures faites ;

Pour salaires d'ouvriers et pour **ouvrages faits, un an** après la réception des ouvrages.

Toute demande en délivrance de marchandises ou en dommages-intérêts pour avaries ou retard dans leur transport, un an après l'arrivée du navire.

La même prescription est opposable à l'action des passagers contre le capitaine et les propriétaires du navire ayant pour cause un dommage ou retard éprouvé pendant le voyage.

La prescription ne peut avoir lieu s'il y a cédule, obligation, arrêté de compte ou interpellation judiciaire. (Code de Commerce, art. 434.)

B. — Fins de non-recevoir

Sont non recevables, en vertu de l'article 435 du Code de Commerce :

1° Toutes actions contre le capitaine et les assureurs, pour dommage arrivé à la marchandise, si celle-ci a été reçue sans protestation ;

2° Toutes actions contre l'affréteur, pour avaries, si le capitaine a livré les marchandises et reçu son fret sans avoir protesté.

Ces protestations sont nulles si elles ne sont faites et signifiées dans les vingt-quatre heures et si, dans le mois de leur date, elles ne sont suivies d'une demande en justice.

NOTIONS DE DROIT MARITIME
INTERNATIONAL

Définition

Le droit maritime international est l'ensemble des règles « émanées de la raison naturelle et consacrées par les coutumes et les traités » qui, en temps de paix comme en temps de guerre, régissent les rapports mutuels des Etats au point de vue de la navigation et du commerce maritime.

SECTION I

Du territoire maritime et de la haute mer

A. — Le territoire maritime

Le territoire d'un Etat se divise en territoire terrestre, territoire fluvial et territoire maritime.

Nous ne parlerons ici que du **territoire maritime**.

Le territoire maritime comprend : 1° la mer territoriale ; 2° les mers intérieures et les lacs ; 3° les golfes, les baies, les rades et les ports ; 4° les détroits ; 5° les canaux.

1° *Mer territoriale*

Par mer territoriale, on entend les parties de la mer qui baignent les côtes d'un Etat et sont soumises à la puissance du dit Etat. La mer territoriale est considérée comme une dépendance du territoire riverain.

Le droit international limite la mer territoriale à une zone de **trois milles marins** (5.555 mètres) à partir de la laisse de basse mer, mais, en raison de la puissance de l'artillerie actuelle, cette zone sera très probablement augmentée d'ici peu, et il est possible qu'on lui donne alors comme limite celle d'une portée de canon.

La mer territoriale est soumise au droit de souveraineté de la nation riveraine, au point de vue de la police de la navigation, de la surveillance douanière, de la juridiction.

2° *Mers intérieures et lacs*

Si la mer intérieure est fermée, c'est-à-dire ne forme en réalité qu'un vaste lac, elle doit être considérée comme faisant partie intégrante du territoire de l'Etat dans lequel elle se trouve. Si la dite mer est enfermée dans le territoire de plusieurs Etats, ces Etats ont sur elle un droit de souveraineté égal.

Si la mer intérieure n'est pas fermée mais communique avec une mer libre par un détroit extrêmement resserré dont les deux rives appartiennent au même Etat, l'Etat en question a évidemment sur la dite mer un droit de souveraineté absolue.

La mer Noire est soumise à un régime spécial. Bien que les détroits des Dardanelles et du Bosphore soient placés sous la domination turque, la Russie partage avec la Turquie, en vertu du traité de Londres de 1871, le droit d'y avoir une flotte de guerre. Les autres puissances ne peuvent y faire pénétrer que des navires de commerce.

Quant aux lacs, ils doivent être assimilés aux mers fermées et sont, par suite, considérés comme appartenant au territoire de l'Etat dans lequel ils se trouvent enclavés.

3° *Golfes, baies, rades et ports*

Les golfes et les baies qui peuvent être commandés facilement par l'Etat riverain, c'est-à-dire ceux dont les deux rives ne sont pas éloignées de plus de dix milles (convention de La Haye de 1882) font partie du territoire maritime de l'Etat en question.

Les golfes d'une grande étendue, tel le golfe de Gascogne, sont assimilés à la haute mer.

Quant aux ports et aux rades, ils appartiennent à l'Etat riverain. Celui-ci peut, dans l'intérêt de ses nationaux, faire tous les règlements qu'il veut.

Mais si un Etat peut toujours interdire l'entrée de ses ports militaires aux navires étrangers, quels qu'ils soient, et même défendre l'entrée de ses ports de commerce aux vaisseaux de guerre étrangers, il est admis qu'il ne peut fermer ses ports de commerce aux bâtiments de commerce étrangers.

4° *Les détroits*

Il y a deux cas à examiner :

a) Si le détroit unit deux mers libres, il doit être considéré comme libre ;

b) S'il sert à faire communiquer une mer libre avec une mer intérieure, et s'il est dominé par l'Etat propriétaire des deux rives, il fait évidemment partie du territoire maritime de l'Etat en question.

Il y a lieu de remarquer toutefois que, bien que les détroits des Dardanelles et du Bosphore soient sous la domination turque, la Turquie ne peut interdire l'accès de la mer Noire aux navires de commerce étrangers, et ce, depuis l'entrée en vigueur de la *convention des détroits* (13 juillet 1841).

5° *Les canaux*

Les canaux artificiels qui communiquent avec la mer appartiennent à l'Etat qui les a creusés.

Le canal de Suez, qui est l'œuvre d'une entreprise internationale, est ouvert à tous les navires de guerre et de commerce, qui le franchissent moyennant le paiement d'une taxe. Mais il convient de signaler que les navires de guerre d'Etats belligérants ne peuvent séjourner plus de vingt-quatre heures, soit à Suez, soit à Port-Saïd, et que leur transit doit s'effectuer dans le plus bref délai possible. Aucun acte d'hostilité ne doit être commis ni dans le canal, ni à une distance de ce dernier inférieure à trois milles ; le canal ne peut être mis en état de blocus.

En vertu du traité de Versailles (28 juin 1919), le canal de Kiel est ouvert à tous les bâtiments de guerre et de commerce appartenant à des puissances en paix avec l'Allemagne.

B. — La haute mer

Le principe de la liberté des mers est aujourd'hui universellement admis et aucun Etat ne peut exercer de droit de souveraineté sur la haute mer. A celle-ci il faut, bien entendu, assimiler toutes les parties de baies, golfes, etc., qui échappent à la domination des Etats riverains.

Mais si la mer est libre, les navires, quelle que soit leur nationalité, n'en sont pas moins obligés de se soumettre aux accords internationaux qui sont intervenus dans le but, d'une part, de prévenir et de régler les abordages, d'autre part, de déterminer les conditions dans lesquelles doit se faire l'assistance en mer (notamment de fixer l'indemnité à allouer au navire assistant).

Nous ne parlerons pas ici des prescriptions relatives aux feux, aux signaux, et qui rentrent dans le domaine de la Réglementation maritime.

Nous dirons simplement de quelle façon doivent se régler les abordages survenus en pleine mer.

Lorsque l'abordage s'est produit entre deux navires de même nationalité, la loi applicable est évidemment la loi de l'Etat auquel ils appartiennent.

Lorsque l'abordage s'est produit entre deux navires de nationalités différentes, la loi applicable est celle du navire abordeur, à la condition, bien entendu, que le capitaine de ce navire soit seul responsable de l'accident. Dans le cas, en effet, où il y a eu faute commune, si les lois des Etats dont les navires portent le pavillon sont différentes, **le droit commun maritime** pourra être appliqué. Les dommages subis seront alors supportés par les navires proportionnellement à la gravité de leurs fautes respectives.

Dans le cas où il serait impossible de déterminer les responsabilités, chaque navire devrait supporter le dommage qu'il a subi du fait de l'abordage.

S'il est relativement facile de déterminer quelle sera la loi applicable dans le cas d'abordage en pleine mer, il est plus difficile de déterminer quel sera le tribunal compétent pour connaître du dit abordage.

Il paraîtrait logique que ce soit le tribunal du lieu situé le plus près de l'endroit où s'est produit le sinistre, mais la législation française donne compétence au tribunal du domicile du défendeur ou à celui du port français « dans lequel, en premier lieu, soit l'un, soit l'autre des deux navires s'est réfugié. » (Code de Commerce, art. 407, § 7.)

Restrictions à la liberté des mers

I. — *Piraterie*

La piraterie, qui a toujours existé, mais qui a cependant disparu d'un grand nombre d'océans, dévaste encore à l'heure actuelle les mers de Chine et les archipels de l'Océanie. Elle consiste dans le fait d'arrêter un navire pour s'emparer de la cargaison ou rançonner les voyageurs.

Les pirates sont des ennemis contre lesquels, de tous les temps, les navigateurs ont dû se liguer.

Aujourd'hui, les navires de guerre, à quelque nationalité qu'ils appartiennent, ont le droit d'arrêter, en pleine mer, un navire supposé se livrer à la piraterie et, après l'avoir visité, de le conduire dans un port d'un Etat civilisé, devant les tribunaux duquel son équipage sera poursuivi. La loi appliquée sera la loi du pays. En France, le tribunal compétent est le tribunal maritime qui peut prononcer, soit la peine de mort, soit celle des travaux forcés.

Tout navire se livrant à la piraterie qui a été capturé, devient la propriété de celui qui l'a pris, mais ce dernier doit, contre une indemnité fixée en général au tiers de leur valeur, rendre à qui de droit les objets qui avaient été volés par le pirate et qui se trouvaient à bord.

II. — *Traite des nègres*

C'est la Conférence antiesclavagiste, tenue à Bruxelles, en 1890, et à laquelle dix-sept puissances étaient représentées, qui a réglementé les conditions dans lesquelles la traite des nègres devait être combattue et réprimée.

L'Acte Général du 2 juillet de la même année qui mit fin à cette Conférence, mais qui n'entra en vigueur que le 2 avril 1892, et en partie seulement pour la France, peut se résumer comme suit :

Tout navire de guerre, appartenant à une puissance signataire de l'Acte Général de Bruxelles, qui a lieu de penser qu'un bâtiment d'un tonnage inférieur à cinq cents tonneaux, rencontré dans la zone maritime où la traite des nègres se fait encore, mais cependant en dehors des eaux territoriales d'un Etat, se livre à la traite en question, a le droit d'arrêter le bâtiment considéré et de procéder à une enquête sur le pavillon. Si ce pavillon est celui d'un Etat ayant conclu une convention particulière autorisant la visite, le navire de guerre peut, dans le cas où il a la conviction que le navire suspect se livre au commerce des esclaves, — comme d'ailleurs dans le cas d'usurpation de pavillon, — arrêter le dit bâtiment et le conduire dans un port où se trouve une autorité du pays dont le navire portait les couleurs. Une enquête sera faite alors en présence d'un officier du navire de guerre étranger ayant procédé à la capture. Si cet officier n'accepte pas le résultat de l'enquête, l'affaire sera déférée au tribunal du pays auquel le navire suspect prétendait appartenir, ou, à défaut, au consul. S'il y a condamnation, le navire capturé devient la propriété du capteur ; dans le cas contraire, celui-ci doit verser une indemnité au navire saisi.

En cas de condamnation, l'équipage sera jugé et puni d'après les lois en vigueur dans le pays qui a eu à statuer sur la prise.

La France a refusé de donner son accord à l'Acte Général de Bruxelles en ce qui concerne la saisie et le jugement. En conséquence, un navire de guerre étranger qui arrête un bâtiment français supposé se livrer à la traite des nègres, n'a le droit de procéder qu'à une enquête sur le pavillon.

SECTION II

Situation juridique des navires de commerce en pleine mer et dans les eaux étrangères

---

A. — En pleine mer

En pleine mer, tout navire, quel qu'il soit, est considéré comme une parcelle du territoire de l'Etat dont il porte le pavillon, et jouit, par là même, du principe de l'exterritorialité.

Tout crime ou délit commis à bord d'un navire de commerce sera alors jugé par les tribunaux du pays auquel celui-ci appartient.

Les navires de guerre de l'Etat dont le bâtiment de commerce arbore les couleurs ont seuls des droits sur ce dernier.

B. — Dans les eaux étrangères

Alors que, même dans les eaux territoriales étrangères, les vaisseaux de guerre jouissent encore du privilège de l'exterritorialité, les bâtiments de commerce sont, d'après la jurisprudence française, soumis à la juridiction des pays dans lesquels ils se trouvent :

1° Pour les délits et crimes commis, soit à bord, soit à terre, par ou contre un étranger :

2° Pour les faits de l'équipage ayant troublé la tranquillité du port ou ayant occasionné une demande d'intervention de la part du capitaine du navire de commerce considéré.

En ce qui concerne les règlements de police, de santé et de douane, il n'est pas douteux que les navires de commerce doivent s'y soumettre.

SECTION III

La guerre maritime

Nous n'avons pas à parler ici des moyens employés par une puissance en guerre contre une autre puissance pour tenter de détruire les forces navales de son adversaire et de s'assurer la maîtrise des mers. Nous appellerons simplement l'attention du lecteur sur ce fait qu'aucun acte d'hostilité ne peut être accompli en dehors de la pleine mer ou des eaux territoriales d'un des belligérants.

A. — La guerre de course

On a défini la course « un moyen, employé par un Etat en guerre contre « un autre Etat, d'utiliser les navires des particuliers dans le but de s'emparer « des bâtiments de commerce ennemis, en laissant aux capteurs une part « du butin. »

Un navire appartenant à un particulier ne pouvait être armé en course que si son propriétaire en recevait de l'Etat l'autorisation (lettres de marque) et s'il versait une caution destinée à garantir le remboursement des dommages qu'il pourrait faire subir à des tiers.

La guerre de course a été abolie au Congrès de Paris du 16 avril 1856, Congrès auquel quarante puissances étaient représentées. Des trois Etats participants, Espagne, Mexique et Etats-Unis, qui avaient tout d'abord refusé de donner leur adhésion aux résolutions du Congrès, seuls les deux premiers revinrent sur leur décision et s'engagèrent, en 1907, à renoncer eux aussi à la guerre de course. Les Etats-Unis auraient donc encore le droit, à l'heure actuelle, d'armer, en cas de guerre, des navires en course, mais alors, leurs adversaires, même s'ils étaient signataires de la déclaration de Paris, pourraient eux aussi user vis-à-vis d'eux du même procédé.

B. — Prises

En temps de guerre la marine marchande contribue à la défense nationale soit en procédant au ravitaillement du pays, soit en effectuant des transports de troupes et de munitions. Elle est donc étroitement liée à la marine militaire. Pour cette raison, il a été admis que, à l'exception des navires ancrés dans un port ennemi au moment de la déclaration de guerre, navires auxquels un délai doit être accordé pour se retirer, en vertu de la Convention de La Haye de 1907, tout navire de commerce appartenant à un belligérant peut être capturé par un navire ennemi et que sa cargaison peut également être confisquée. Les équipages sont faits prisonniers de guerre.

Mais si des marchandises destinées à une puissance en guerre se trouvent à bord d'un bâtiment neutre, elles ne doivent pas être saisies par l'adversaire de cette puissance, à moins qu'il ne s'agisse de contrebande de guerre. Le pavillon couvre en effet la marchandise. De même, des marchandises destinées à un pays neutre mais transportées par un des belligérants ne doivent pas non plus être confisquées.

Il va sans dire que le droit de prise ne peut s'exercer que dans les eaux territoriales des puissances en guerre, ou en pleine mer.

Échappent au droit de prise les bâtiments-hôpitaux militaires dont les noms et caractéristiques ont été donnés aux puissances belligérantes préalablement à leur entrée en service, et qui sont destinés uniquement à recevoir des blessés, des malades ou des naufragés. Ces bâtiments doivent porter les signaux distinctifs prévus par la Convention de La Haye de 1907, et arborer, à côté du pavillon national, le pavillon blanc à croix rouge. Le personnel sanitaire, les blessés et les malades, se trouvant à bord de bâtiments-hôpitaux, ne peuvent être faits prisonniers par l'adversaire de la puissance à laquelle ils appartiennent.

Doivent également échapper à la prise, toujours en vertu de la Convention de La Haye de 1907, les bateaux qui se livrent à la pêche côtière, ainsi que les navires destinés à des missions scientifiques ou effectuant des voyages d'exploration, sous réserve, bien entendu, qu'ils ne fassent aucun acte d'hostilité à l'égard des adversaires du pays dont ils portent le pavillon.

Quand un navire de guerre ennemi fait une prise maritime, le commandant de ce navire doit tout d'abord se faire remettre les papiers du bord et les placer sous scellés, puis, après avoir établi un inventaire du bâtiment capturé et des marchandises se trouvant à bord, il doit dresser un procès-verbal de saisie signé par lui et le capitaine de ce bâtiment. Le dit procès-verbal indique les raisons de la saisie et l'endroit exact où celle-ci a été effectuée (cet endroit sera déterminé par la longitude et la latitude du lieu).

Ceci fait, le navire capteur place à bord un équipage qui sera chargé de conduire le bâtiment dans un port de l'État dont relève le dit navire de guerre.

Une fois arrivé dans le port désigné, l'autorité du lieu procède à une enquête sur les circonstances dans lesquelles s'est effectuée la prise et sur les raisons qui l'ont motivée. Les résultats de cette enquête sont transmis, avec les papiers qui se trouvaient à bord du navire capturé, au tribunal chargé de statuer sur la validité de la prise.

En France le tribunal compétent est le Conseil des Prises. Ses jugements sont susceptibles d'appel devant le Conseil d'État réuni en assemblée générale.

Une fois la prise validée, le navire capturé devient la propriété de l'État dont dépend le capteur.

Toutes ces notions résultent des principes généraux du droit international et des solutions admises jusqu'au début des hostilités.

Elles ont subi, au cours des hostilités, certaines modifications. C'est ainsi qu'une loi du 15 mars 1916 a modifié le mode d'attribution des prises maritimes (navires marchands et cargaison). Le produit net de toute prise maritime, ainsi que les parts revenant aux équipages d'après les conventions internationales en cas de prise en commun avec des bâtiments alliés, sont attribués à un fonds spécial géré par l'Établissement des Invalides de la Marine et destiné entièrement à être réparti en indemnités aux officiers et marins dans le besoin, mis dans l'impossibilité de servir par leurs infirmités, par suite de blessures reçues dans des opérations de guerre, et en cas de décès à leur famille.

Cour Internationale des Prises

La Cour Internationale des Prises, dont le siège est à La Haye, a été instituée par la Conférence tenue dans cette ville en 1907, du 15 juin au 18 octobre. Elle est composée de quinze juges, nommés par les puissances contractantes pour six ans. Les grandes puissances ont toutes des juges. Pour délibérer, neuf juges suffisent. Les décisions sont prises à la majorité absolue, mais, après deux tours de scrutin sans résultats, la majorité relative suffit.

Quelle est la compétence de la Cour Internationale des Prises ?

La Cour Internationale des Prises est une juridiction de recours contre :

1° Les décisions de tribunaux nationaux relatives à des prises effectuées au détriment d'une puissance ou d'un particulier neutre ;

2° Les décisions de tribunaux nationaux relatives à la saisie soit de marchandises neutres sur un navire ennemi, soit d'un navire ennemi dans les eaux territoriales d'un État neutre qui n'aura pas fait de réclamation par la voie diplomatique.

Pour prendre une décision, la Cour Internationale des Prises devra se rapporter aux conventions passées entre les parties en cause, s'il en existe. Dans le cas où il n'y aurait pas de convention, elle devra appliquer le droit commun ou, à défaut, prendre une décision qu'elle estimera juste et équitable.

C. — Droit de visite

Si un navire de guerre a le droit de capturer certains bâtiments de commerce, il doit avoir également le droit de s'assurer de la nationalité des navires marchands qu'il rencontre et de voir quelles sont les marchandises qu'ils transportent et leur lieu de destination. C'est ce qu'on appelle le « droit de visite ».

Il va sans dire que ce droit ne peut être exercé que dans les eaux territoriales des belligérants ou en haute mer.

Comment s'effectue cette visite?

Tout navire de guerre appartenant à une puissance belligérante qui, rencontrant un navire de commerce, veut user vis-à-vis de celui-ci de son droit de visite, doit, après avoir hissé son pavillon tirer un coup de canon à blanc (dit « coup de semonce ») pour le faire stopper. Puis il envoie vers le bâtiment en question une embarcation commandée par un officier, lequel, seul ou accompagné d'un ou de deux hommes, procédera à la visite. Celle-ci pourra se borner à un simple examen des papiers du bord, comme elle pourra être très approfondie.

Pendant la durée de la visite le navire de guerre se tiendra à une distance de trois milles.

Un bâtiment de commerce qui ne s'arrêterait pas au coup de semonce ou s'opposerait par la force à l'exercice du droit de visite risquerait de se faire bombarder et couler ou de se faire saisir.

D. — Le blocus

Faire le blocus d'un pays consiste à empêcher ce pays d'avoir, par mer, des communications avec l'extérieur.

Le blocus, qui a été réglementé par la Conférence de Londres du 26 février 1909, est surtout une mesure de guerre, bien qu'il puisse être exercé également en temps de paix à titre de représailles ou comme moyen de contrainte.

Toute puissance qui veut procéder au blocus d'un port ou d'un pays doit en faire la déclaration.

Cette déclaration sera notifiée, d'une part par le chef de l'État bloquant aux puissances neutres, d'autre part par le commandant de la force navale chargée d'appliquer le blocus aux autorités locales des ports bloqués. Celles-ci doivent en aviser les consuls étrangers.

Le but de cette double notification est de faire connaître aux neutres qu'ils devront cesser toutes relations commerciales avec les pays bloqués et de leur permettre de faire sortir leurs navires des ports soumis au blocus. Un certain délai, indiqué dans la déclaration, leur sera donné à cet effet.

En ce qui concerne les navires neutres qui font route vers un port bloqué, le blocus devra être notifié spécialement par l'un des officiers de la force bloquante; certaines nations admettent toutefois qu'une notification diplomatique suffit.

Le blocus doit être **effectif,** c'est-à-dire que la force navale bloquante doit être suffisante pour interdire aux navires neutres l'entrée ou la sortie des ports bloqués. Dès que cette force devient insuffisante, le blocus cesse d'exister. (On appelle « blocus fictif » celui qui n'existe que sur le papier).

Tout navire neutre qui, connaissant l'état de blocus, tenterait d'entrer dans un des ports bloqués, risquerait d'être saisi et de voir sa cargaison confisquée. Toutefois, en vertu de la déclaration de Londres de 1909, le chargement ne serait pas confisqué s'il était prouvé qu'au moment où la marchandise a été embarquée, le chargeur ne connaissait ni ne pouvait connaître l'intention de violer le blocus. La saisie pourrait être pratiquée tant que le voyage n'aurait pas été achevé.

Mais les navires qui, ayant subi des avaries importantes, se trouveraient dans l'impossibilité de continuer leur route devraient être autorisés, dans le cas où l'un des bâtiments de la force bloquante ne pourrait les secourir, à pénétrer dans le port bloqué et à en ressortir une fois les réparations terminées, sous la condition qu'ils ne se livrent à aucune opération commerciale dans ce port.

Notification de la fin du blocus doit être faite aux puissances neutres.

SECTION IV

Neutralité. — Liberté commerciale des neutres.
Contrebande de guerre.

La neutralité est la situation d'une puissance qui s'abstient de participer à la guerre engagée entre deux ou plusieurs Etats.

Du fait qu'elle demeure neutre, la puissance considérée doit éviter de commettre tout acte qui puisse, soit sur terre, soit sur mer, favoriser l'un quelconque des belligérants ; elle doit observer la plus stricte impartialité. Elle ne peut donc faire aucun envoi de troupes, d'armes ou de munitions (ce qui n'empêche pas les particuliers de pouvoir travailler pour le compte de pays en guerre).

Un Etat neutre doit faire respecter son territoire. Ses eaux territoriales, pas plus que ses ports, ne peuvent être le théâtre d'opérations de guerre.

Si un navire de guerre belligérant se réfugie dans un port neutre, son séjour dans ce port ne devra pas, en règle générale, être supérieur à vingt-quatre heures, à moins que le dit navire n'ait à subir de grosses réparations, lesquelles ne devront d'ailleurs avoir pour but que de le remettre en état de navigabilité et non d'augmenter sa valeur militaire.

Un navire de guerre ne peut, en temps de guerre, prendre, dans un port neutre, que la quantité de charbon qui lui est nécessaire pour pouvoir atteindre le port le plus proche du pays dont il porte le pavillon. Il ne pourra prendre, naturellement, ni munitions, ni provisions de guerre.

Si deux vaisseaux de guerre ennemis viennent à se rencontrer dans un port neutre, le laps de temps qui séparera le départ de chacun d'eux ne pourra être inférieur à vingt-quatre heures.

Liberté commerciale

Il est admis, tout au moins en principe, que lorsqu'une guerre est engagée entre deux ou plusieurs Etats, les puissances neutres peuvent continuer à commercer non seulement entre elles, mais encore avec les belligérants. Les neutres, ne prenant pas part au conflit, ne doivent pas, en effet, avoir à souffrir d'un état de choses auquel ils sont étrangers.

Toutefois les navires neutres se trouvant dans un port d'un Etat belligérant peuvent être soumis à l'*angarie*, ou obligation imposée par le gouvernement local d'effectuer pour son compte des transports de troupes, de munitions et approvisionnements de guerre, ou toute autre opération militaire.

En ce qui concerne le commerce des neutres, la Déclaration de Paris du 16 avril 1856 a posé les règles suivantes, que nous avons d'ailleurs déjà signalées :

1° Les marchandises neutres chargées sur des navires ennemis ne peuvent être saisies, à moins qu'il ne s'agisse de contrebande de guerre ;

2° Les marchandises ennemies chargées sur des navires neutres ne peuvent non plus être saisies, le pavillon couvrant la marchandise.

Il va sans dire que les marchandises neutres chargées sur des navires neutres sont insaisissables.

Contrebande de guerre

La contrebande de guerre consiste dans le transport illicite, en temps de guerre, de marchandises propres à être utilisées dans la lutte et destinées à un belligérant.

Pour qu'il y ait contrebande, il faut donc :

1° Que le transport des marchandises considérées soit illicite ;

2° Que les dites marchandises soient destinées à un des belligérants.

La contrebande peut être absolue ou conditionnelle.

D'après la Déclaration de Londres de 1909, doivent être considérés comme objets de contrebande absolue tous ceux qui peuvent servir à la guerre ou encore certains objets utilisables pour la guerre. Tels sont les armes, explosifs, munitions, équipements militaires, bâtiments de guerre, chevaux de selle, etc.

Peuvent être considérés comme objets de contrebande conditionnelle les objets qui, sans servir uniquement à la guerre, peuvent cependant être utilisés dans ce but. Tels sont les aéroplanes, camions automobiles, téléphones, jumelles, etc. L'or, l'argent, les billets de banque peuvent également faire partie des objets de contrebande conditionnelle.

La nomenclature des objets considérés par chacun des belligérants comme contrebande de guerre, et non visés par la Déclaration de Londres, doit être communiquée par les intéressés aux puissances neutres.

Lors de la dernière guerre, c'est un décret du 6 novembre 1914 qui précisa les objets considérés comme contrebande de guerre absolue ou conditionnelle.

Tout navire neutre qui se livre à la contrebande risque, comme nous l'avons déjà dit, d'être saisi. La prise s'effectuera dans les conditions que nous avons indiquées plus haut.

SECTION V

Les conventions internationales maritimes

Nous avons déjà parlé à plusieurs reprises des principales conventions maritimes internationales. Nous nous bornerons à rappeler que celles-ci sont : la Déclaration de Paris du 16 avril 1856 ; — le Traité de Paris du 13 mars 1871 ; — les Conventions de La Haye de 1907 ; — la Déclaration de Londres du 26 février 1909, — et à résumer en quelques lignes ce que nous avons dit sur chacune d'elles :

I. — *La Déclaration de Paris du 16 avril 1856.* — Par la Déclaration de Paris du 16 avril 1856, quarante États se sont engagés à renoncer à la guerre de course. Comme nous l'avons vu plus haut, seuls les États-Unis se sont refusés à donner leur adhésion à la dite Déclaration.

II. — *Le Traité de Paris du 13 mars 1871.* — Le Traité de Paris du 30 mars 1856, qui mit fin à la guerre de Crimée, avait neutralisé la mer Noire et interdit aux puissances, même riveraines, d'y avoir une flotte de guerre.

Le Traité de Paris du 13 mars 1871 modifia celui du 30 mars 1856 en ce sens qu'il autorisa la Russie et la Turquie à entretenir une flotte de guerre dans la mer Noire.

III. — *Les Conventions de La Haye de 1907.* — Les Conventions issues de la Conférence tenue à La Haye en 1907 sont des plus importantes. Elles ont modifié celles qui avaient résulté de la Conférence réunie dans la même ville en 1899.

Parmi les principales Conventions de La Haye, citons celles stipulant que :

a) Un délai doit être accordé aux navires de commerce se trouvant, à la déclaration de guerre, dans un port ennemi, pour sortir de ce port et gagner un port de leur propre pays ;

b) Les bâtiments de commerce ennemis rencontrés en mer et ignorant les hostilités ne peuvent être confisqués mais seulement saisis, à charge pour le saisissant de les rendre à la fin de la guerre ou d'en rembourser la valeur s'ils ont été détruits ;

c) Les navires effectuant des voyages d'exploration ou servant à l'accomplissement de missions scientifiques ne peuvent être saisis, sous la condition, bien entendu, qu'ils ne prennent pas part au conflit, directement ou indirectement ;

d) La Convention de Genève du 6 juillet 1906 relative à la protection du personnel sanitaire, des blessés et des malades doit recevoir son application en cas de guerre maritime ;

e) Une Cour Internationale des Prises, siégeant à La Haye, sera chargée de statuer, en temps que juridiction de recours, sur les décisions des tribunaux nationaux relatives aux prises de navires neutres ou de marchandises neutres ou de navires ennemis dans les eaux territoriales neutres ;

f) Les Etats neutres doivent faire respecter leur territoire par les belligérants ;

g) La durée du séjour d'un navire de guerre belligérant dans un port neutre ne devra pas, en règle générale, dépasser vingt-quatre heures.

Certaines conventions visent encore l'emploi des navires sous-marins, interdisent de bombarder les ports et les villes sans défense, etc.

IV. — *La Déclaration de Londres du 26 février 1909.* — La Déclaration de Londres du 26 février 1909 est le résultat d'une conférence qui s'est tenue en cette ville du 4 décembre 1908 au 26 février 1909. Cette Déclaration qui a été signée par toutes les grandes puissances, contient principalement des dispositions relatives au blocus maritime et à la contrebande de guerre. Elle stipule en particulier que pour qu'un navire neutre puisse être détruit, il faut qu'il puisse être confisqué, que le caractère ennemi ou neutre d'un bâtiment de commerce doit se déterminer par le pavillon qu'il a le droit d'arborer (1), que le transfert d'un navire ennemi sous pavillon neutre ne peut être valable que si ce transfert a été opéré avant la déclaration de guerre.

En réalité, la Déclaration de Londres du 26 février 1909 a été le complément indispensable des Conventions de La Haye de 1907 qui peuvent être considérées comme les plus importantes du Droit Maritime International.

---

1. L'expérience a montré que certains navires peuvent pour des motifs commerciaux avoir été, pendant la paix, régulièrement enregistrés sous un pavillon devenu ennemi alors que, en réalité, les intérêts dans la propriété de ce navire appartiennent à des neutres ou des alliés; inversement, des navires enregistrés sous pavillon neutre peuvent, en réalité, représenter des intérêts ennemis.

C'est pour cette raison que, au cours de la dernière guerre, un décret du 23 octobre 1915 stipula que s'il était établi que les intérêts dans la propriété d'un navire battant pavillon ennemi, appartenaient en fait à des nationaux d'un pays neutre ou allié, ou que réciproquement les intérêts dans la propriété d'un navire battant pavillon neutre ou allié appartenaient en fait à des nationaux d'un pays ennemi ou à des personnes résidant en pays ennemi, le navire serait réputé neutre, allié ou ennemi.

TABLE DES MATIÈRES

NOTIONS DE DROIT MARITIME INTERNATIONAL

L'ENSEIGNEMENT PAR CORRESPONDANCE

SES AVANTAGES

L'Enseignement par correspondance créé en Amérique où il est fort répandu, n'a aucun rapport avec d'autres méthodes d'enseignement par correspondance qui s'ouvrent chaque jour. Cet enseignement qui a exigé plus de quinze années d'efforts ininterrompus se plie à toutes les situations, à toutes les exigences. évite tout dérangement à l'élève qui peut n'y consacrer que ses moments de loisir. Il permet à tous de conquérir une situation ou d'améliorer une situation déjà acquise.

L'enseignement est individuel : l'élève en fixe lui-même le commencement et la durée ; les leçons qu'il reçoit lui sont personnelles.

Le bage de l'Enseignement par correspondance se compose :

1° *D'ouvrages édités par l'Ecole, spécialement pour* le **travail chez soi.**

2° *De séries d'examens englobant toutes les substances des cours et exigeant pour être traités la connaissance approfondie de ces cours.*

5° *D'un tableau de travail ou plan d'études, fixant pour chaque période de travail dont la durée varie de 8 à 15 jours, suivant le temps dont l'élève dispose, la partie du cours à apprendre et la série d'exercices à rédiger.*

La marche de l'enseignement est très facile à comprendre. L'élève apprend d'abord la partie du cours indiquée par son plan d'études, traite ensuite les devoirs correspondants et les retourne à l'Ecole pour correction. Ces devoirs, revêtus de notes critiques et solutions du professeur, parviennent à l'élève qui s'en pénètre et passe ensuite utilement à la tâche suivante, fixée par le tableau de travail. Un service spécial suit les études de l'élève, le dirige et le conseille dans son travail.

LES RAISONS DE NOTRE SUCCÈS

Nous résumons succinctement les causes des brillants succès de l'Ecole. Les personnes désireuses d'être complètement renseignées sur son fonctionnement n'auront qu'à demander le **Programme officiel qui leur sera adressé gratuitement par la Direction.**

1° L'Ecole ne faisant aucun bénéfice sur son enseignement a pu établir des prix de préparation qu'aucun **établissement commercial** ne pourrait faire, à **valeur égale d'Enseignement.**

2° Etant la seule Ecole de ce genre qui **soit subventionnée** en raison de la haute valeur de son enseignement, et **recevant chaque année de nouvelles subventions,** le prix de ses préparations va sans cesse en diminuant tandis que le nombre des cours augmente continuellement.

3° Son personnel, très sévèrement sélectionné, ne se compose que de professeurs. d'ingénieurs ou d'officiers ayant tous une certaine célébrité par les travaux qu'ils ont faits.

4° **Les professeurs enseignent par correspondance les cours qu'ils professent sur place. C'est la seule Ecole par correspondance qui jouisse de cet avantage.**

5° La moyenne des élèves reçus aux concours et examens est extrêmement élevée.

6° Chacun peut s'instruire sans que personne ne le sache, **même en suivant des cours dans une autre Ecole.**

7° Tous les élèves se préparant aux carrières industrielles ou non reçus aux examens **sont rapidement placés par les soins de l'Ecole.**

8° Grâce aux nombreux ouvrages de l'Ecole (500 cours imprimés ou autographiés). réimprimés chaque année, les élèves ont non seulement les plus grandes facilités pour s'instruire. mais lorsqu'ils ont quitté l'Ecole, ils peuvent encore suivre très rapidement les progrès réalisés chaque jour dans la Mécanique ou les Sciences.

9° Les diplômes de l'Ecole sont très appréciés dans la Marine marchande et dans l'Industrie. à cause des capacités reconnues de nos élèves.

C'est d'ailleurs la seule Ecole qui délivre pour toutes les *branches de l'Industrie* des diplômes à *tous les Grades* (**Contremaîtres, Conducteurs, Sous-Ingénieurs, Ingénieurs**).

10° Les anciens Elèves sont groupés en Association, ce qui permet à tous les adhérents de la Société d'être prévenus immédiatement des divers avantages pouvant les intéresser. *(Demander les Statuts.)*

11° Une revue technique mensuelle « *La Revue Polytechnique* ». qui a justement et très rapidement acquis une place dans la littérature technique. traite de sujets originaux et fort intéressants. Elle est remise gratuitement chaque mois aux anciens Elèves. Prix d'un spécimen : 1 franc.

Un bulletin mensuel est de plus l'organe de la société des Anciens Elèves qui le reçoivent **gratuitement.**

12° Les ouvrages de l'Ecole du Génie Civil sont adoptés par les **Ecoles de la Marine** et par de **nombreuses Ecoles industrielles.**

www.ingramcontent.com/pod-product-compliance
Ingram Content Group UK Ltd.
Pitfield, Milton Keynes, MK11 3LW, UK
UKHW031841170726
13836UKWH00004B/1819